Educar na
curiosidade

Catherine L'Ecuyer

Apresentação
Profª Drª Maria Elizabeth B. Almeida

Educar na *curiosidade*
A criança como protagonista da sua educação

Tradução
Angela Cristina Costa Neves
Carlos Alberto Della Paschoa

3ª edição

Fons Sapientiae

São Paulo, 2016

@ Copyright de edición Plataforma Editorial, Barcelona – all Rights reserved
c/ Muntaner, 269, entlo 1ª – 08021 Barcelona
www.plataformaeditorial.com
Título original: *Educar en el assombro*
Autor: Catherine L'Ecuyer

Copyright © 2016 – Distribuidora Loyola de livros.

FUNDADOR: Jair Canizela (*1941-†2016)
DIRETOR GERAL: Vitor Tavares
EDITORA: Cristiana Negrão
CAPA E DIAGRAMAÇÃO: Claudio Tito Braghini Junior
TRADUÇÃO: Angela Cristina Costa Neves e Carlos Alberto Della Paschoa
PREPARAÇÃO: Lilian Miyoko Kumai
REVISÃO: Patrícia de Fátima Santos e Eliane Santoro

Este livro segue as regras da Nova Ortografia da Língua Portuguesa.

Dados Internacionais de Catalogação na Publicação (CIP)
(Câmara Brasileira do Livro, SP, Brasil)

L'Ecuyer, Catherine
    Educar na curiosidade : como educar num mundo frenético e hiperexigente? / Catherine L'Ecuyer ; apresentação Maria Elizabeth B. Almeida ; tradução Angela Cristina Costa Neves. -- São Paulo : Edições Fons Sapientiae, 2015.

Título original: Educar en el asombro : ¿cómo educar en un mundo frenético e hiperexigente?
Bibliografia.
ISBN 978-85-63042-22-4

 1. Aprendizagem 2. Criança - Desenvolvimento 3. Educação de crianças 4. Educação - Finalidades e objetivos 5. Pedagogia 6. Prática de ensino 7. Professores - Formação 8. Psicologia educacional I. Almeida, Maria Elizabeth B.. II. Título.

15-09114   CDD-370.15

Índices para catálogo sistemático:
1. Psicologia educacional   370.15

Edições *Fons Sapientiae* é um selo da
Distribuidora Loyola de Livros
Rua Lopes Coutinho, 74 – Belenzinho
03054-010 São Paulo – SP
www.fonssapientiae.com.br
T 55 11 3322 0100
F 55 11 4097 6487

Todos os direitos reservados. Nenhuma parte desta obra pode ser reproduzida ou transmitida por qualquer forma ou quaisquer meios (eletrônico ou mecânico, incluindo fotocópias e gravação) ou arquivada em qualquer sistema ou banco de dados sem permissão escrita.

Para Alicia, a caçadora de borboletas.
Para Gabriel, que aproxima as folhas de papel das tesourinhas.
Para Nicolas, o caçador de vespas.
Para Juliette... quem sabe o que...
E para você, Domingo, que me transmitiu esta sensibilidade para educar na curiosidade, dando sentido ao que considero agora o melhor trabalho do mundo, ser mãe.

"... quando somos criancinhas não precisamos de contos de fadas: só precisamos de contos. A vida pura e simples é suficientemente interessante. Uma criança de sete anos se impressiona quando lhe contam que Tommy abriu a porta e viu um dragão. Mas uma criança de três anos se impressiona quando lhe contam que Tommy abriu a porta."

G. K. CHESTERTON

Sumário

Prefácio à edição brasileira 11

Introdução
Crianças... quietas? Adolescentes... motivados? 17

I. O que é a curiosidade? 27
   1. Mamãe, por que não chove para cima? 29
   2. A aprendizagem origina-se... do lado de fora ou do lado de dentro? 33
   3. As consequências da superestimulação 47
   4. As consequências sociais do modelo mecanicista ... 59
   5. Educar *versus* inculcar 63

II. Como educar na curiosidade? 69
   6. Liberdade interior: o caos controlado da brincadeira livre 71
   7. Ter tudo? Estabelecer e fazer respeitar os limites 83
   8. A natureza 93
   9. O respeito pelos ritmos 99
   10. A hipereducação: a geração *Baby Einstein* 107
   11. A redução da infância 113
   12. O silêncio 119

13. Humanizar a rotina: o mesmo conto
pela enésima vez 129
14. O sentido do mistério 135
15. A Beleza 141
16. O feísmo 151
17. O papel da cultura 159

Conclusão 161
Uma parede de tijolos ou um belo mosaico 163
O cidadão invisível 171

Bibliografia 177
Agradecimentos 189

Prefácio à edição brasileira

A edição brasileira do livro *Educar na curiosidade* (*Educar en el asombro*, em espanhol), de Catherine L'Ecuyer, destinado a pais e professores, em boa hora recupera ideias sobre a educação que acolhe, aceita a criança tal como ela é, cria oportunidades para que ela se desenvolva como protagonista de sua educação, tal como proposto por Maria Montessori. O essencial é a qualidade das interações e dos vínculos criados entre a criança, seus familiares e cuidadores, e não o excesso de estímulos sensoriais, a satisfação incomensurável de seus caprichos, a saturação de bens materiais, a agenda sobrecarregada de atividades, a intensidade exagerada com que assiste à televisão ou lida com as telas de diferentes dispositivos tecnológicos e a dificuldade em dizer-lhe "não".

As crianças de hoje, sobretudo as mais novas, não são como as crianças de gerações anteriores: elas são hiperativas, dispersas, têm dificuldades para estabelecer vínculos, demonstrar afeto e aceitar a autoridade, quer de pais, professores ou cuidadores. Falta-lhes despertar a curiosidade (*el asombro*), a imaginação e a motivação intrínseca, que as mobilizem para a descoberta do novo em busca de respostas às próprias indagações, até porque quase tudo lhes é dado pronto para evitar questionamentos e poupá-las de dissabores.

Educar na *curiosidade*

Diante da crise atual da educação, tanto no seio da família como na educação escolar, somos desafiados a repensar sobre o modelo educativo mecanicista, que impera há muitos séculos em nossa sociedade e se encontra marcado pelos *ritos* padronizados, a que todas as crianças devem ser submetidas por meio de métodos iguais impostos a todas, independentemente de suas condições e necessidades de aprendizagem.

Neste livro, Catherine L'Ecuyer apoia-se em pensadores de diferentes tempos, desde a antiguidade, para propor uma educação que se desenvolve por meio da curiosidade (em espanhol, *asombro*), relacionando-a com a admiração, a descoberta, o espanto e o assombro em alusão aos conceitos tratados por Tomás de Aquino, Platão, Chesterton e João Paulo II. A autora reconhece a criança como um ser que tem necessidades básicas e ritmos próprios, autora de sua história, "protagonista de sua biografia", com possibilidade de motivar-se por meio de situações reais que desafiem seu pensamento. Reportando-se a Tomás de Aquino, a autora registra que há duas formas de desenvolver conhecimentos: 1. "por invenção ou descoberta"; 2. "por disciplina e aprendizagem" (p. 73). Antes de tentar "disciplinar" as crianças, é necessário criar circunstâncias minimamente estruturadas, que possam aguçar sua imaginação e oportunizar-lhes a inventividade, a criatividade e a descoberta, para depois ajudá-la a compreender e, quiçá, formalizar o conhecimento que está em jogo. Nesse processo é importante deixar claro os limites, as normas básicas de convivência, as regras mínimas e os materiais disponíveis, que são meios para despertar a curiosidade e impulsionar a descoberta. Ao mesmo tempo é preciso ajudar e orientar as crianças para que possam compreender as consequências de suas ações. Educar pela curiosidade "é incompatível com a hipereducação" (p. 107), que tem a intenção de antecipar as etapas de desenvolvimento cognitivo, social e afetivo das crianças, para criar "supercrianças" ou "Baby Einstein".

Contudo, Einstein já alertava sobre a desnecessária preocupação de manter na memória dados que podem ser encontrados em manuais (ou, hoje, em bases de dados informatizadas), uma vez que o valor da educação está em "preparar o cérebro para pensar por conta própria, para desta maneira vir a conhecer algo que não esteja nos livros" (p. 110).

O silêncio e a reflexão são elementos indispensáveis para a aprendizagem, a interiorização das informações e sua transformação em conhecimentos. Por isso, o acesso indiscriminado a informações representadas por distintas linguagens e disponíveis em fontes diversificadas por meio das tecnologias digitais de informação e comunicação (TDIC) pode entorpecer a mente da criança, dificultar sua capacidade de reflexão e criar a ilusão de que a criança está participando de processos interativos ao apertar botões e oferecer respostas em tempo real. Nessa ótica, as TDIC, representadas por distintos dispositivos transformados em fetiches nas mãos das crianças e adolescentes, reforçam a aprendizagem por meio de estímulos

Educar na curiosidade

externos, caminham em direção contrária ao desenvolvimento do pensamento crítico, da humanização da ética e da cidadania responsável e não despertam a curiosidade pela aprendizagem por descoberta. Essa é a lógica dominante nas avaliações homogêneas aplicadas em larga escala para mensurar e comparar a educação formal de distintos países em busca da eficácia e da regulação, classificando crianças diferentes e desconsiderando diversas dimensões que compõem o ser humano.

No entanto, mais do que ferramentas para transmitir informações, as TDIC são instrumentos da cultura e como tal são estruturantes do pensamento e mediadores do conhecimento, que propiciam um novo espaço-tempo social por meio do qual as pessoas interagem, trocam ideias e experiências, constroem e compartilham conhecimentos. Usadas nessa perspectiva, as tecnologias digitais potencializam o protagonismo da criança, o desenvolvimento da imaginação, da criatividade e do pensamento crítico, o levantamento de hipóteses, a averiguação, a invenção e a descoberta. Ainda assim, a orientação cuidadosa e amorosa dos educadores deve direcionar-se para a interação social, a criação de vínculos afetivos, a observação e o encanto com a natureza, a sensibilidade e a amorosidade da criança e para com a criança; há que manter a atenção para evitar o uso desmensurado de dispositivos tecnológicos e a sobrecarga cognitiva das crianças e garantir-lhes a segurança e a integridade.

Assim, após um trabalho de adaptação e transposição para a realidade brasileira, este livro representa uma referência para pais, educadores e cuidadores de crianças encantados pela educação como descoberta de si, do outro e do mundo, com tudo que o constitui. O livro foi gestado em outras realidades, porém trata de problemas e anseios semelhantes a todos que convivem com as crianças, desejando que elas sejam protagonistas de sua educação.

O entusiasmo que me acompanha ao prefacear a edição brasileira deste livro se relaciona com seu potencial de contribuir para a concretização da educação do futuro. Educação voltada para aprender a pensar, fascinar-se diante do inusitado, criar, inventar, descobrir o mundo, admirar a natureza, compreender a realidade, compartilhar e ser solidário.

Maria Elizabeth Bianconcini de Almeida[1]

---

1 Professora da Faculdade de Educação da Pontifícia Universidade Católica de São Paulo (PUC-SP), onde atua no Programa de Pós-Graduação em Educação; Doutora em Educação, com pós-doutorado na Universidade do Minho, no Instituto de Educação e Psicologia.

Introdução
Crianças... quietas?
Adolescentes... motivados?

"'Motive-me, por favor!', pede desesperadamente Elisa à sua professora do ensino médio. "Estou entediada, mamãe, não tenho vontade de fazer nada', queixa-se Elisa, ao chegar do colégio, enquanto muda os canais da televisão com o olhar perdido, deitada apaticamente no sofá da sala de jantar."

Os pais e o corpo docente dos colégios e das universidades dedicam cada vez mais tempo a responder à grande pergunta: o que podemos fazer para motivar os nossos filhos, os nossos alunos? Em casa, adquirimos o mais moderno arsenal para mantê-los entretidos: *videogames*, computador, *iPad*, celulares com internet, televisores nos quartos, DVD no carro... No colégio, na universidade, todos os meios são válidos para divertir a clientela estudantil: *PowerPoint*, lousa digital, *iPad*... Suponho que falte pouco para que os colégios e as universidades peçam, como requisito imprescindível para a contratação de professores, habilidade na dança ou no canto para dar "vida" às suas aulas.

Como diz Neil Postman, "os educadores, desde o primário até a universidade, estão aumentando o estímulo visual nas suas lições, reduzem o volume de explicações para os alunos, confiam menos na leitura e nos trabalhos escritos; e, de má vontade, estão chegando à conclusão de que o principal meio para conseguir o interesse dos estudantes é o entretenimento" (*Divertir-se até morrer*). É a era do espetáculo, motivo pelo qual, às vezes, parece que os educadores e pais pertencem mais ao setor do entretenimento do que ao da educação.

E por quê? À primeira vista, constatamos que o tempo de concentração e de atenção dos nossos filhos está cada vez mais curto. Frequentemente encontramos a causa desses problemas no – cada vez mais comum – diagnóstico de transtorno de déficit de atenção e hiperatividade (TDAH), uma das primeiras causas de consultas por transtorno psicológico hoje em dia. Curiosamente, as causas e soluções que são atribuídas ao TDAH foram objeto de muito debate desde a década de 1970; o TDAH é um dos transtornos mais controversos. Nos Estados Unidos, os casos de TDAH multiplicaram-se por dez nos últimos vinte anos e, de acordo com o Departamento de Saúde e Serviços Sociais norte-americano, o efeito genético explica somente uma pequena parte do transtorno, fato que atribuiria aos fatores não genéticos um papel importante[2]. Até agora, a ciência não pôde dar uma explicação exausti-

---

[2] U.S. Department of Health and Human Services. *Mental Health:* A Report of Surgeon General. Rockville, M. D.: U. S. Department of Health and Human Services, Substance Abuse and Mental Health Services, Administration National Institute of Mental Health, 1999.

vamente convincente sobre a origem do TDAH, e o debate continua aberto.

Por outro lado, as avós constatam que as crianças com mais de três ou quatro anos "não são como as crianças de antigamente". Não sei como eram as crianças de antigamente, mas me lembro de que as crianças da minha geração não subiam pelas paredes como a grande maioria das crianças de hoje em dia. Éramos capazes de esperar diante de um prato com chocolates até que nos dessem sinal verde para comer, sabíamos ficar quietos nas lojas e nas salas de espera, escutávamos os nossos pais – pelo menos quando ficavam um pouco sérios –, tínhamos nossos momentos de brincadeiras livres em silêncio, nos divertíamos com objetos simples e comuns, não passávamos o dia todo procurando novas sensações e não me lembro de qualquer criança da minha classe que estivesse medicada por hiperatividade, déficit de atenção ou transtorno de ansiedade.

"Quero brincar!", grita Alex na sala de espera do pediatra, jogando as revistas no chão enquanto pula de uma cadeira para outra. Sua mãe corre até a recepção para pedir que troquem o canal da televisão suspensa na parede da sala de espera. É possível ver que Alex, de cinco anos, não se empolga com *A Abelha Maia*. Trocam os desenhos animados por uns 'muito, mais muito animados' japoneses com rostos tétricos e nos quais aparecem os protagonistas lutando. 'Isso não é nada – pensa a mãe –, são apenas desenhos...' Alex relaxa, hipnotizado pela tela.

Educar na *curiosidade*

O desesperado "Motive-me, por favor!" de Elisa e o frenético "Quero brincar!" de Alex ressoam nos ouvidos de todos os pais e educadores como um grito de protesto da natureza diante de algo que foi imposto e que vai contra o que é necessário. É que a natureza nunca perdoa... Mas o que impusemos a essas crianças que vai contra a natureza delas? Para responder a essa pergunta, teríamos que nos perguntar também: Como é a natureza de uma criança? Como aprende? Qual é o seu motor? Como se motiva? De que precisa?

"Todas as pessoas grandes foram um dia crianças. Mas poucas se lembram disso", dizia o Pequeno Príncipe. Vamos tentar. Vamos retroceder um momento. Retroceder na vida de Elisa, a estudante que pede educadamente, mas com desespero, à sua professora do ensino médio que a motive "por favor". Retroceder na vida de Alex, um menino que se entedia com o silêncio e o ritmo de Maia, de Willy e de Flip. Essa aluna de dezesseis anos e esse menino de cinco... ambos foram um dia bebês de seis meses, crianças pequenas de um, de dois anos de idade. Por acaso Elisa pediu à sua mãe que a motivasse "por favor" para aprender a falar, para engatinhar na direção das tomadas, para ficar em pé e puxar a toalha da mesa, para brincar, para dar seus primeiros passos? Por acaso Alex precisava de algo além do barulho do vento na grama, da descoberta da sua própria sombra, algo mais que um simples conto da sua mãe para estar fascinado?

As crianças pequenas não precisam ser motivadas *a priori*. Vejamos. O Dia de Reis[3]. Com o que brincam mais os nossos filhos dos seis aos vinte e quatro meses? Engatinham, arrastando o laço do pacote e brincando encantados com o papel da embalagem. O brinquedo fica para trás. Correm atrás da bexiga que tínhamos colocado no guidão da bicicleta que trouxeram os Reis, gritando: "Os Reis beberam a água!". Ficam admirados observando a queda lenta da bexiga no chão. Pela manhã, quando os levamos apressadamente ao colégio, fixam o olhar em um objeto insignificante, porém brilhante, no caminho da escola.

– Espere, mamãe! Olhe isso!
– Corra, que não temos tempo! – respondemos.

Se prestarmos bastante atenção, constataremos que as crianças pequenas possuem um instinto de curiosidade realmente admirável e surpreendente diante das coisas pequenas, os detalhes que fazem parte do cotidiano. O barulho que faz o papel da embalagem de um presente,

---

[3] O dia 6 de janeiro é conhecido e celebrado como a data da chegada dos Reis Magos e da oferta de seus presentes ao Menino Jesus. Em muitos países ibero-americanos, esse dia é aguardado ansiosamente pelas crianças, pois é o dia de receber os presentes de Natal. Na Espanha, as crianças escrevem uma carta aos Reis Magos, pedindo-lhes os presentes que desejam ganhar. Na véspera, ocorrem as famosas "Cabalgatas", em que os Reis Magos desfilam pelas principais ruas das cidades e as crianças vão dar-lhes as boas-vindas. À noite, após o jantar, as crianças provam o Bolo Rei e deixam preparado o local onde os reis deixarão os presentes, com comida, bebida e água para os Reis Magos e os camelos. (N. T.)

Educar na
curiosidade

a espuma do banho que fica colada nos seus dedinhos, as cócegas que fazem as patinhas de uma formiga na palma da mão, o brilho de um objeto encontrado na rua. Esse instinto de curiosidade da criança é o que a leva a descobrir o mundo. É a motivação interna da criança, sua estimulação precoce *natural*. As pequenas coisas motivam a criança a aprender, a satisfazer a sua curiosidade, a ser autônoma para entender os mecanismos naturais dos objetos que a rodeiam por meio da sua experiência com o cotidiano, *motu proprio*. Apenas temos que acompanhar a criança, proporcionando-lhe um ambiente favorável para o descobrimento.

Quando apresentamos à criança pequena estímulos externos de forma que estes superam sua curiosidade, anulamos a sua capacidade de motivar-se por si mesma. Substituir o que move a pessoa é anular sua vontade. Por fim, a criança se acomoda e não é capaz de encantar-se nem de espantar-se com nada. Seu desejo é bloqueado. Em alguns casos, sua dependência de superestimulação fará com que procure sensações cada vez mais fortes, com as quais também se acostumará, fato que a levará a uma situação de apatia permanente, de falta de desejo, de tédio.

Como podemos conseguir que uma criança, que logo será um adolescente, faça as coisas com encanto, fique quieta observando com calma as coisas ao seu redor, pense antes de agir, tenha interesse em conhecer o que a cerca, esteja motivada para aprender?

É possível que a ideia fundamental esteja resumida em uma frase escrita há mais de sete séculos por Tomás de Aquino: "A admiração é o desejo de conhecimento". Eureca! É necessário deixar fluir e proteger a admiração! Se a admiração é o desejo de conhecimento, entendemos que Elisa, com apenas seis meses, pode, sem que ninguém a *motive* ou a empurre exteriormente, ter a força interna e o empenho necessários para pegar o brinquedo que está quase fora do seu alcance porque ele *a encanta*. Se a admiração é o desejo de conhecimento, entendemos como Elisa, com dois anos, pode encontrar a motivação interna para pronunciar palavras novas. Entendemos por que Alex encontra animação suficiente apenas ao procurar o rosto correspondente à voz que escuta na rua, ao concentrar-se e admirar um caracol que sobe pelo vidro, ao encontrar a relação que existe entre o movimento do seu corpo e a sombra que este projeta sobre o chão enquanto caminha de costas para o sol. Todos esses fenômenos que escapam à sua compreensão os atraem... Deixemos que os especialistas em neurociência, em linguística infantil e em psicologia evolucionista pesquisem as dificuldades relacionadas aos mecanismos de aprendizagem da linguagem e de outros âmbitos cognitivos. Isso não vem ao caso aqui porque não estamos contemplando o mecanismo, e sim a origem. Interessa-nos o que move Elisa a aprender; queremos entender de onde vem e sob quais condições age.

Educar na
curiosidade

A curiosidade é o que provoca o interesse nas pessoas. Segundo um estudo recente[4], o que faz uma história ser transmitida mais rapidamente na *web* é a curiosidade que provoca nos seus leitores. No estudo, realizado pela Universidade da Pensilvânia, foi analisada uma série de variáveis no que se refere à comunicação de vários artigos do *New York Times* durante um período de mais de seis meses. Contrariando a crença popular segundo a qual as pessoas procurariam conteúdos curtos, histórias superficiais, frívolas, escabrosas ou mórbidas, os conteúdos que fizeram mais sucesso foram os mais positivos, mais longos e que provocaram curiosidade em seus leitores. O estudo define a curiosidade como "uma emoção de transcendência pessoal, um sentimento de admiração e de elevação diante de algo que supera a própria pessoa. Invoca a abertura e a ampliação do espírito e uma experiência que faz a pessoa parar para pensar". Isso é tudo uma descoberta para o mundo do marketing *on-line* e para os autores de ficção. Mas pode ser que seja também do ponto de vista da pessoa, principalmente no âmbito da pedagogia. A curiosidade é o que o provoca interesse. E se a curiosidade não fosse um mero sentimento? E se fosse, como diz Tomás de Aquino, o princípio do conhecimento? E se a curiosidade preexistisse como algo inato nas pessoas? Se for assim, então essa descoberta tem implicações que vão além do marketing

---

4 Berger, J.; Milkman, K. What makes online content viral? *Journal of Marketing Research*, 2011. DOI: 10.1509/jmr.10.0353. Disponível em: <http://ssrn.com/abstract=1528077>.

on-line. Pode ser que tenhamos nos deparado com uma realidade, a curiosidade, que trabalha demais às cegas, por não encontrar com o que começar..., belos conteúdos, com qualidade e que ampliem os horizontes da razão.

Está bem documentado que a organização neurológica – a estrutura física do cérebro, ou seu disco rígido, falando coloquialmente – possui um papel fundamental no desenvolvimento da criança. Mas a organização neurológica é *o motor* da criança? As pessoas que defendem essa postura puramente materialista do ser humano também defendem uma educação mecanicista, que vê a criança como uma matéria-prima sobre a qual trabalhamos para transformá-la no que queremos que seja. Segundo a educação mecanicista, não há natureza; tudo é *programável*. Os educadores mecanicistas se empenham em bombardear as crianças com estímulos externos – de fora para dentro – para desenhar seus circuitos neuronais com o objetivo de conseguir a *criança à la carte*, tanto do ponto de vista do seu comportamento quanto do ponto de vista cognitivo. Acreditam que a criança depende completamente do ambiente para aprender.

Com o avanço da neurociência e da pedagogia, cada vez mais pessoas acreditam que o motor da criança, a origem do que a coloca em movimento, vai além da organização neurológica. Cada vez mais pessoas acreditam que a origem do movimento é algo intangível, imaterial. Os gregos já diziam que o princípio da filosofia era a curiosidade, a primeira manifestação daquilo que é intangível e move o ser

EDUCAR NA
curiosidade

humano: o desejo de conhecimento. Milhares de anos depois, uma das mais reconhecidas pedagogas de todos os tempos, Maria Montessori, enfatizou a importância da curiosidade no aprendizado da criança. Nos últimos anos, a neurociência confirmou o pensamento de Montessori, questionando muitos dos paradigmas educacionais mecanicistas.

Então, se existia uma Elisa e um Alex com curiosidade, o que aconteceu? Como a perderam? O que aconteceu quando a curiosidade ausentou-se? O que podemos fazer para que Elisa e Alex a recuperem? Responder a essas perguntas é explicar como educar na curiosidade. É o que faremos nas páginas deste livro.

I.
O QUE É A CURIOSIDADE?

1.
Mamãe, por que não chove para cima?

"Em cada criança, todas as coisas do mundo são feitas de novo e o Universo é posto de novo à prova."

G. K. CHESTERTON

Vimos que o motor da motivação da criança é a curiosidade. Mas por que as crianças encantam-se diante da realidade? O que faz com que se encantem diante do que as cerca? Tentemos esmiuçar o mecanismo da curiosidade com exemplos práticos.

Em *Alice no país das maravilhas*, justamente antes de encontrar a coragem para conseguir o impossível – vencer o dragão –, Alice disse ao Chapeleiro Maluco: "Às vezes, consigo pensar em até seis coisas impossíveis antes do café da manhã". O país das maravilhas é o país do impossível: um gato que fala, um bolo que faz crescer, um coelho que se preocupa com a hora..., uma mostra infinita de impossibilidades. Certamente, um país visto pelos olhos de uma criança.

A capacidade que possuem as crianças para pensar em coisas impossíveis é maravilhosa. "Mamãe, por que não chove

Educar na
curiosidade

para cima?", "Por que as abelhas não fabricam doce de leite e xarope de guaco?", "Por que as formigas não são preguiçosas?"

Essas perguntas costumam incomodar-nos por várias razões. Não há tempo a perder com tais coisas. Não são perguntas úteis. Não importa de onde vem o doce de leite, o xarope de guaco, quem os faz e como os faz. Ficamos inquietos porque nosso filho está perdendo tempo, em vez de fazer coisas que são realmente importantes, como aprender chinês ou interessar-se por astronomia. Além disso, pensamos que as crianças pedem uma explicação de algo que não existe ou, ainda pior, que desejam mudar a ordem estabelecida das coisas. Até pode ser motivo de preocupação. Meu filho é normal? Como pode ter tais ideias? Quem colocou essas coisas na cabeça dele? Será que tem muito tempo livre?

Quando nossos filhos de dois, três ou quatro anos nos bombardeiam com perguntas que nos parecem ilógicas, não pedem nem reivindicam uma resposta. Não querem mudar a ordem estabelecida das coisas. É a maneira de eles admirarem-se diante de uma realidade que *é*, mas... que simplesmente poderia *não ter sido*. Platão dizia que o espanto é o princípio da filosofia. De modo que, quando essas perguntas impossíveis surgem nas cabecinhas dos nossos filhos, é porque estão filosofando! As crianças filosofam, encantam-se diante de qualquer realidade, pelo mero fato de que "seja", e se surpreendem diante de cada uma das modalidades do "ser" ou das leis naturais do nosso mundo. Quando um bebê nasce, vê a sua mãe, depois o seu pai, depois observa o seu irmão, depois uma menina, a avó, um senhor que passa pela rua, uma flor, um inseto, uma pedra, a lua, uma sombra, a gravidade, a luz, um sonho... Como dizia Chesterton, "em cada uma dessas deliciosas cabeças estreia o Universo, como no sétimo dia da criação".

A curiosidade é o desejo de conhecimento. Ver as coisas com outros olhos permite ficarmos cativados diante da sua existência, desejando conhecê-las pela primeira vez ou de novo. As crianças pequenas encantam-se porque não veem o mundo como algo habitual, e sim como um presente. Esse pensamento metafísico é próprio da pessoa que constata que as coisas *são*, mas poderiam *não ter sido*. Somos – o mundo é – contingentes. Se deixarmos de existir, o mundo continua... No entanto, fazemos parte de algo maior... o mecanismo natural da curiosidade é precisamente o que nos permite transcender do que é cotidiano e chegar até isso. E, consequentemente, nos leva a ter uma atitude de profunda humildade e agradecimento.

A curiosidade é um mecanismo inato na criança. Nasce com ela. Mas, para que a curiosidade possa funcionar bem, a criança deve estar em um ambiente que a respeite. E como podemos fazer isso? É o que explicaremos nas páginas deste livro.

Porém, antes de continuar, faremos um adendo. O que dizem a pedagogia e a neurociência da curiosidade? Nunca se pronunciaram diretamente a respeito, porque a curiosidade é uma realidade intangível que a ciência não pode identificar

Educar na
curiosidade

nem medir. Mas o que diz a ciência sobre a origem do processo cognitivo? É verdade que nasce do desejo de conhecer? Ou o processo de aprendizagem é completamente dependente do ambiente? A aprendizagem inicia-se do lado de dentro ou do lado de fora da pessoa?

2. A aprendizagem origina-se... do lado de fora ou do lado de dentro?

> "A humanidade está dividida em 3 classes de pessoas: as que são imóveis, as que são móveis e as que se mexem."
>
> BENJAMIN FRANKLIN

> "Para expandir nossas perspectivas sobre temas com os quais não estamos diretamente envolvidos, podemos ler autores cujas opiniões são opostas às nossas, mas, tratando-se do nosso próprio filho, gostamos de consultar autores cujas perspectivas são mais próximas às nossas. Para que sejamos pais aceitáveis."
>
> BRUNO BETTELHEIM,
> autor e psicólogo infantil

Como se desenvolve a criança? Possui em si mesma o que precisa para poder desenvolver-se dentro de um ambiente normal ou é necessária a intervenção de estímulos externos? A aprendizagem da criança começa *do lado de dentro* ou *do lado de fora*? Onde é originado o processo? Na criança? Ou na fonte de estímulo?

Milhares de pedagogos, psicólogos e neurocientistas dedicaram-se a responder a essa pergunta no último século.

Educar na *curiosidade*

Na primeira metade do século passado, Montessori causou uma revolução no mundo pedagógico quando falou dos períodos sensíveis da criança nos primeiros anos de vida, especificando que a educação consistia em um desenvolvimento cujo protagonista era a criança. Ela afirmava que o processo se iniciava dentro da criança, enquanto o ambiente e o professor são meros facilitadores.

> A causa transformadora e a guia da transformação é uma só: "a criança". Nosso objetivo é levar ao centro sua personalidade, deixá-la "agir", permitir e facilitar sua expansão livre e harmoniosa conforme a lei da sua própria vida[5].

A princípio, essa abordagem causou escândalo nos Estados Unidos, por ir contra a rígida e, às vezes, utilitarista e condutivista abordagem do sistema educativo norte-americano da época. Naquele momento, o credo da educação afirmava o seguinte:

> A educação é a regulação de um processo de participação na consciência social; e o ajuste da atividade individual baseado nessa consciência social é o único método para a reconstrução social[6].

Não é de se estranhar que a abordagem de Montessori tenha caído como uma bomba nos Estados Unidos. Em

---
[5] Montessori, M. *Ideas generales sobre mi método*. Buenos Aires: Losada, 1995.
[6] Dewey, J. My pedagogic creed. *School Journal*, v. 54, n. 3, p. 77-80, 1897. Dewey era pedagogo, filósofo e psicólogo. Teve uma influência importante no sistema educacional norte-americano.

1914, um pedagogo com muita influência, Heard, publicou um documento[7] que denunciava Montessori por apresentar a educação como um processo de desenvolvimento, de eclosão, do potencial da criança. Entre outras críticas, Heard não concordava que a liberdade fosse uma condição necessária para o desenvolvimento da criança.

Agora sabemos que Montessori tinha razão, mas, para os pedagogos norte-americanos da época, era algo revolucionário. Heard afirmou que a brincadeira livre que propunha Montessori não permitia "garantir a aquisição do conhecimento e das habilidades" em função dos limites que, por consenso, se consideravam necessários para uma criança que ingressa no primário[8]. É interessante porque, do ponto de vista mecanicista – *do lado de fora* –, o ponto de partida são sempre os limites. Primeiro são estabelecidos os limites – em função do que a sociedade considera útil[9] ou em função do que faz ou mais ou menos sabe a criança –,

---

[7] Heard, K. W. *The Montessori System Examined*. Cambridge: The Riberside Press, 1914. p. 72.

[8] A lista dos limites propostos por Heard é a seguinte: fazer certo uso da sua língua materna; conhecer os nomes e o uso das coisas da vida cotidiana; conhecer as propriedades físicas das coisas mais comuns; saber usar a tesoura, a borracha, o lápis e as cores; ser capaz de ficar em pé em fila; caminhar em fila e dar pulinhos; conhecer algumas brincadeiras estruturadas, canções e histórias; ajudar na hora do banho, na hora de vestir-se etc.; poder esperar da criança uma conduta elementar.

[9] A título de curiosidade, Montessori dizia que nunca se deve fazer no lugar de uma criança o que ela se sente capaz de fazer. Heard responde que esse princípio pode servir nos lares pobres, nos quais as crianças se veem obrigadas a atender às suas necessidades, mas que não é adequado nas casas de pessoas de classe alta, nas quais há empregados domésticos e há mães indulgentes que se adiantam aos desejos e esforços das crianças...

depois são colocados em prática os métodos para que cada criança alcance esses limites. Os limites são necessários para que o calendário seja cumprido, visto que, segundo o ponto de vista mecanicista, tudo é programável.

A partir de 1940, uma série de psicólogos[10] marcou o curso da neuropsicologia e da psicologia do desenvolvimento humano com um conjunto de experimentos realizados com ratos. Um deles concluiu que os ratos adestrados como mascotes conseguiam melhores resultados na hora de resolver problemas do que os ratos que ficavam em gaiolas. Outro experimento comparou um grupo de ratos que vivia em gaiolas com outros que estavam rodeados de brinquedos, túneis, escadas, rodas etc. e constatou que existia um aumento no volume do córtex cerebral dos ratos que estavam em um ambiente enriquecido. Esses experimentos e outros que vieram em seguida, realizados com seres humanos, deram lugar à teoria da plasticidade do cérebro e, graças a ela, desapareceu a crença popular segundo a qual o cérebro é um órgão com uma estrutura fixa no momento do nascimento. A plasticidade do cérebro confirmou a importância que Montessori conferia às experiências sensoriais na época sensível do zero aos três anos.

Essas descobertas foram acompanhadas de numerosos estudos realizados em orfanatos, nos quais havia ausência de estimulação ou ela era muito escassa e nos que havia infor-

---

10 Entre eles, Donald Hebb, um psicólogo canadense, e Rosenzweig, um psicólogo norte-americano.

mação de vários transtornos psicológicos e de aprendizagem, como o TDAH.

Começaram a tocar os alarmes e foram iniciados nos Estados Unidos programas de intervenção precoce em crianças nas seguintes situações de risco: 1) crianças pertencentes a um coletivo socioeconômico baixo, 2) crianças com transtornos que ocasionam um atraso no desenvolvimento e 3) crianças em situação de risco como consequência de um parto prematuro.

Em 1964, nascia nos Estados Unidos o programa Head Start (que significa "Início com vantagem"), que atendia às crianças pertencentes ao coletivo de risco numerado acima por meio de uma intervenção precoce durante os primeiros cinco anos de vida. Os milhares de dólares que foram investidos nesse programa possibilitaram numerosos estudos para estabelecer o sucesso da intervenção precoce nas crianças em situação de risco. Alguns concluíram que não existiam benefícios, enquanto outros afirmavam que foram detectadas algumas melhoras, mas não para todas as idades, nem sempre permanentes e nem em todos os âmbitos[11]. Nenhum estudo foi contundente.

Esses programas planejados somente para crianças em situação de risco, chamados *early intervention* – que significa "intervenção a tempo" –, foram aplicados em crianças saudáveis e normais em alguns países, principalmente nos

---

11 U. S. Department of Health and Human Services. *Head Start Impact Study.* Washington, D.C.: 2011.

países latinos, com a denominação de programas de *estimulação precoce* – tradução duvidosa de *early intervention*. Para esse tipo de estimulação, tal qual se realiza normalmente, o ponto de partida são os limites. Todas as áreas da criança devem ser estimuladas adequadamente para que possam desenvolver-se de acordo com a sua idade. Se a criança não cumpre com os limites previamente estipulados em alguma área, realiza-se uma ação corretiva que costuma consistir em alguns exercícios cujo objetivo é normalizar a área na qual se detectou um atraso na criança. Segundo esse método, a criança é um ente movido exteriormente – o processo de aprendizagem é iniciado *do lado de fora da pessoa*. A premissa desse método é que *quanto antes e mais, melhor*, por isso é aconselhado aos pais que *estimulem a criança tanto quanto puderem*.

Até os dias de hoje, não são conhecidos estudos que justifiquem o sucesso da estimulação precoce em crianças saudáveis e normais[12]. Mais que isso, estudos confirmam que o segredo para obter uma melhor preparação ao processo cognitivo e um bom desenvolvimento da própria personalidade está na qualidade da relação que a criança tem com seu principal cuidador durante os primeiros anos de vida. Quinze anos de pesquisa sobre a importância do vínculo de

---

12 Howard-Jones, P. *Neuroscience and Education*: Issues and Opportunities, Comentary by the Teacher and Learning Research Programme. London: Economic and Social Research Council, TLRP, 2007. Disponível em: <http://www.tlrp.org/pub/commentaries.html>.

apego entre a criança e seu principal cuidador confirmam isso[13]. Tirar uma criança normal e saudável do seu ambiente familiar com a desculpa de conseguir melhores resultados é um grave erro. "Quanto antes e mais, melhor" é um mito que a ciência denunciou mais de uma vez.

Em 2007, o Conselho de Pesquisa Econômica e Social da Inglaterra publicou um documento no qual participaram dezessete especialistas de várias universidades europeias interessados no diálogo entre a neurociência e a educação. Nele afirma-se o seguinte:

> Contrariando a crença popular, não existem evidências neurocientíficas que justifiquem começar a educação formal o quanto antes[14].

O documento explica, entre outras coisas, que a plasticidade do cérebro é um fenômeno que dura a vida inteira, não somente durante os primeiros anos. Além disso, os experimentos com ratos *não* demonstram que o enriquecimento do ambiente tenha efeitos sobre o desenvolvimento do cérebro, e sim indicam que a ausência total de estímulos prejudica

---

[13] A teoria do apego, inicialmente desenvolvida por John Bowlby e Mary Ainsworth, transformou-se em uma teoria por excelência a partir da qual se aborda, hoje em dia, a pesquisa no âmbito do desenvolvimento da criança. As evidências empíricas confirmaram a teoria do apego em numerosos âmbitos, tais como a psicologia, a neurociência ou a pedagogia, até o ponto de fundamentar a maioria das políticas sociais e educacionais de numerosos países.

[14] Vide nota 11.

a aprendizagem. O ambiente natural dos ratos é mais rico que algumas gaiolas com rodas e túneis. O ambiente familiar natural das crianças não é um ambiente com ausência total de estímulos. Definitivamente há evidências que confirmam que a ausência de estímulos pode prejudicar a criança, mas, pelo contrário, não há evidências que demonstrem que o enriquecimento de um ambiente normal com mais estímulos possa melhorar o seu desenvolvimento. Mais que isso, como veremos a seguir, começam a surgir certas evidências de que uma superestimulação possa criar problemas.

No mesmo documento se adverte sobre os programas comerciais – por exemplo, Brain Gym®, ginástica cerebral – fundamentados na falsa crença de que é possível influenciar os mecanismos neurológicos, como o da leitura, por meio de exercícios físicos específicos como o engatinhar e a braquiação, que pretendem equilibrar os hemisférios cerebrais. Até os dias de hoje, não foi possível comprovar cientificamente que esses programas ou outros similares deem resultados[15]. Algo parecido acontece com os milhares de jogos, DVD, CD e *videogames* que pretendem melhorar a inteligência dos

---

15 Vide nota 11; Hyatt, K. J. Brain Gym® Building Stronger Brains or Wishful Thinking? *Remedial and Special Education*, v. 28, n. 2, p. 117-124, 2007. A ideia de Brain Gym® está fundamentada na teoria de Doman e Delacato, que foi denunciada mais de uma vez pela Academia Americana de Pediatria por não ter fundamentos científicos; American Academy of Pediatrics. The Doman-Delacato treatment of neurologically handicapped children. *Neurology*, n. 18, p. 1214-1215, 1968; American Academy of Pediatrics. The treatment of neurologically impaired children using patterning. *Pediatrics*, n. 104, p. 1149-1151, 1999, versão eletrônica.

nossos filhos e que alimentam a crença popular a respeito disso[16]. Segundo uma enquete realizada nos Estados Unidos, 62% dos pais acreditam que as brincadeiras educativas, como os livros que falam, são muito importantes para o desenvolvimento intelectual das crianças, 49% dizem o mesmo sobre os DVD educativos e 43% sobre os *videogames*[17]. A indústria do entretenimento infantil norte-americana tem meios poderosos para convencer os pais sobre os benefícios dos seus produtos. Por exemplo, somente as vendas de DVD para crianças em idade pré-escolar subiram para 500 milhões de dólares no ano de 2004, nada menos que 30% da cota de mercado da indústria[18]. Por outro lado, vários estudos demonstram que não existe relação alguma entre o consumo desses produtos e a aprendizagem da linguagem ou de outros idiomas[19]. Alguns, inclusive, chegaram a estabelecer uma relação entre o consumo de DVD com pretensões educativas e uma diminuição no vocabulário dos bebês e

---

16 Garrison, Michelle M.; Christakis, Dimitri A. *New Report on Educational Media for Babies, Toddlers, and Preschoolers*. Washington, D.C.: Kaiser Family Foundation, 2005. Disponível em: <http://kff.org/other/issue-brief/new-report-on-educational-media-for-babies/>. Acesso em: 13 ago. 2007.

17 Kaiser Family Foundation. *Parents, Media and Public Policy*: A Kaiser Family Foundation Survey. Menlo Park, CA: 2004.

18 INFANT, preschooler DVDs. *Drug Store News*, v. 27, n. 2, p. 38. Disponível em: <http://findarticles.com/p/articles/mi_m3374/is_2_27/ai_n10018342>. Acesso em: 14 fev. 2005.

19 Entre eles: Richert, R. A.; Robb, M. B.; Fender, J. G.; Wartella, E. Word Learning From Baby Videos. *Arch. Pediatr. Adolesc. Med.*, v. 164, n. 4, p. 432-437, 2010; Kuhl, P. K.; Tsao, F. M.; Liu, H. M. Foreign-language experience in infancy: effects of short-term exposure and social interaction on phonetic learning. *Proc. Natl. Acad. Sci. Usa*, v. 100, n. 15, p. 9096-9101, 2003.

no seu desenvolvimento cognitivo[20]. De fato, a Academia Americana de Pediatria recomenda que as crianças evitem as telas até os dois anos, pois os estudos indicam que são produzidos mais efeitos negativos que positivos. Menciona também que os estudos recentes não encontraram provas de que as telas ofereçam benefícios do ponto de vista educativo para crianças com menos de dois anos; ao contrário, existem estudos que advertem sobre o perigo potencial delas na saúde e no desenvolvimento das crianças pertencentes a essa faixa etária[21].

Em 1999, Dan Siegel, especialista mundial em neurociência da Universidade da Califórnia em Los Angeles, conta-nos o segredo. Afirma o seguinte:

> Não há necessidade de bombardear os bebês ou crianças pequenas (ou ninguém) com uma estimulação sensorial excessiva com a esperança de "construir melhores cérebros". Trata-se de uma má interpretação da literatura sobre a neurobiologia que, de alguma maneira, "mais é melhor". Simplesmente, não é assim. Os pais e os outros cuidadores podem relaxar e deixar

---

20 Zimmerman, F. J.; Christakis, D. A.; Meltzoff, A. N. Associations between Media Viewing and Language Development in Children under Age 2 Years. *Journal of Pediatrics*, v. 151, n. 4, p. 364-368, 2007, publicado *on-line* em 8 de agosto de 2007; Chonchaia, W.; Pruksananonda, C. Television viewing associates with delayed language development. *Acta Paediatr.*, v. 97, n. 7, p. 977-982, 2008; Tomopoulos, S.; Dreyer, B. P.; Berkule, S.; Fierman, A. H.; Brockmeyer, C.; Mendelsohn, A. L. *Arch. Pediatr. Adolesc. Med.*, v. 164, n. 12, p. 1105-1111, 2010.

21 American Academy of Pediatrics. Policy Statement on Media Use by Children Younger than 2 Years. *Pediatrics*, v. 128, n. 5, p. 1040-1045, 2011. Confirma sua recomendação feita no ano de 1999.

de se preocuparem em proporcionar uma grande quantidade de bombardeio sensorial nos seus filhos. A superprodução de conexões sinápticas durante os primeiros anos de vida é suficiente em si para que o cérebro possa desenvolver-se adequadamente dentro de um ambiente médio que proporciona a quantidade mínima de estimulação sensorial [...].

E acrescenta:

Mais importante que um excesso de estimulação sensorial durante os primeiros anos de desenvolvimento são os padrões de interação entre a criança e o cuidador. A pesquisa sobre o apego sugere que a interação interpessoal colaborativa, não a estimulação sensorial excessiva, seria o segredo de um desenvolvimento saudável[22].

Então, constatamos que o processo inicia-se dentro da criança e realiza-se através da sua experiência com o que a cerca, principalmente por meio das relações humanas, afirma Siegel. Segundo esse autor, existe um mecanismo *na criança* que permite o seu desenvolvimento cerebral. Afirma também que, por trás do processo de desenvolvimento do que forma o cérebro, age um princípio não material, tão real como o pulmão ou como o coração, diz ele, mas que não é possível ver com os aparelhos tecnológicos modernos por tratar-se de uma realidade intangível, que alguns chamarão de espí-

---

22 Siegel, J. D. Toward an interpersonal neurobiology of the developing mind: Attachment relationships, mindsight, and neural integration. *Infant Mental Health Journal*, v. 22, n. 1-2, p. 67-94, 2001.

rito, outros de energia, outros de intelecto, outros de alma. Não é por casualidade que os líderes espirituais do mundo se interessaram pelas descobertas de Siegel. Em 1999, João Paulo II convidou Dan Siegel para dar uma conferência no Vaticano intitulada: "Para uma biologia da compaixão"[23]. Em 2009, Siegel apresentou um painel em uma conferência intitulada "Bases científicas da compaixão" com Dalai Lama.

Sejam quais forem as nossas crenças, a grande maioria dos pais, cientistas e educadores possui o mesmo ponto de vista segundo o qual o motor do ser humano é algo intangível. Já dizia Platão que o princípio da filosofia era o espanto, a primeira manifestação das coisas intangíveis que movem o ser humano, "o desejo de conhecimento", dizia Tomás de Aquino. Chesterton falava do assombro como um motor, não como a consequência de um estímulo externo: "Esse assombro elementar, porém, não é mera fantasia proveniente de contos de fadas; pelo contrário, todo o fogo dos contos de fadas deriva dele"[24]. É verdade que as coisas intangíveis às quais se refere Siegel não podem ser medidas com instrumentos tecnológicos modernos, mas pode ser que agora a neurociência confirme, de alguma maneira, as ideias de Platão, Tomás de Aquino e Chesterton, percebendo que a

---

23 Siegel, J. D. *Toward a Biology of Compassion*: Relationships, the Brain and the Development of Mindsight Across the Lifespain. Documento elaborado para João Paulo II e o Conselho Pontifical da Família. Cidade do Vaticano: dezembro de 1999.

24 Chesterton, G. K. *Ortodoxia*. Barcelona: Plaza & Janés, 1967. (Obras Completas; 1)

organização neurológica em si não chega a explicar tudo. Se for assim, e pensarmos que de fato é, perceberemos quão revolucionária é essa descoberta. Constatamos até que ponto a curiosidade tem um papel fundamental no desenvolvimento da criança e como pode prejudicá-la, perdê-la na infância. Se for verdade que a criança não precisa mais do que uma "estimulação mínima... em um ambiente normal", como afirma Siegel, então podemos fazer-nos a seguinte pergunta: o que acontece se estimularmos *do lado de fora* uma criança de maneira permanente?

3.
As consequências da superestimulação

"Estamos fazendo com que nossas crianças transitem pela educação anestesiadas. E acredito que deveríamos fazer exatamente o oposto. Não devemos fechá-las, devemos despertá-las para o que trazem dentro delas."

SIR KEN ROBINSON, autor de *O Elemento*

"O que a informação consome é bastante óbvio. Consome a atenção de quem a recebe. Consequentemente, uma grande quantidade de informação cria um empobrecimento da atenção."

HERBERT SIMON,
Prêmio Nobel (a citação é de 1970, antes da
introdução da Internet)

Se a aprendizagem da criança inicia-se do lado de dentro, quais são as consequências de agirmos como se o motor nascesse do lado de fora, estimulando a criança de todas as formas possíveis? O que acontece se dermos às crianças uma estimulação permanente da qual não precisam?

Educar na
curiosidade

Não somente está comprovado que o bombardeio externo de estímulos não faz crianças mais espertas[25] como também começaram a surgir, nos últimos anos, estudos que relacionam a superestimulação com problemas de aprendizagem. Em 2011, um dos especialistas mundiais na relação que se estabelece entre conteúdos televisivos e desenvolvimento infantil, Dimitri Christakis, diretor do Centro para a Saúde, o Comportamento e o Desenvolvimento Infantil norte-americano, comenta, na prestigiada revista *Pediatrics*[26], um estudo que relaciona assistir ao programa *Bob Esponja* com problemas de aprendizagem e autocontrole.

Dividiram uma classe de crianças de quatro anos em três grupos. O primeiro grupo foi exposto a nove minutos do frenético programa *Bob Esponja*; o segundo, a nove minutos do tranquilo programa *Caillou*, e as crianças do terceiro grupo ficaram desenhando. Todas as crianças passaram por algumas pequenas provas depois de ficarem separadas, e aquelas que foram expostas ao programa *Bob Esponja* obtiveram doze pontos a menos que as demais crianças. Após isso, as crianças que foram expostas ao programa *Bob Esponja* só puderam

---

[25] Essas abordagens são descritas, na neurociência, como os processos *experience-expectant* (à expectativa da experiência) e *experience-dependant* (dependente da experiência). De acordo com a primeira abordagem, a criança procura ativamente a experiência. De acordo com a segunda, a criança depende da experiência externa para desenvolver-se; são os estímulos externos que criam as conexões neuronais (Siegel, 1999).

[26] Christakis, D. The Effects of Fast-Pace Cartoons. *Pediatrics*, v. 128, n. 4, p. 772-4, 2011. DOI: 10.1542/peds.2011-2071. Disponível em: <http://pediatrics.aappublications.org/content/early/2011/09/08/peds.2011-2071.citation>. Publicado *on-line* em 12 de setembro de 2011.

esperar dois minutos e meio antes de comer a merenda, enquanto os que estiveram expostos ao programa *Caillou* e os que estiveram desenhando puderam esperar tranquilamente quatro minutos. O estudo tem suas limitações, pelo tamanho reduzido da amostragem e porque não foi averiguado se as consequências eram duradouras. O que se sabe é que a superestimulação está presente de forma permanente no ambiente em que se encontra a grande maioria das crianças de hoje em dia.

Christakis opina que o problema está no fato de o programa *Bob Esponja* ter um ritmo extremamente rápido para as crianças. Então, o mesmo aconteceria com outros conteúdos, como o de *Carros*, *Monstros S.A.*, *Madagascar*, *A era do gelo* ou outros filmes supostamente infantis, ou feitos para os jovens, mas que de fato são assistidos por crianças de dois a cinco anos. Esses conteúdos foram pensados para que os pais gostem, não para contribuir para o bom desenvolvimento das crianças. De fato, em outro estudo norte-americano[27], foram analisados 59 DVDs supostamente educativos e dirigidos às crianças de menos de três anos e foi identificada uma média de *7,5 mudanças abruptas de cena por minuto*, o que seria materialmente impossível observar na vida de uma criança sem o fator tela. Não é de se estranhar que as crianças fiquem entediadas, impacientes e nervosas quando voltam ao ritmo do mundo real! O estudo sobre *Bob Esponja* também está na

---

27 Goodrich, S. A.; Pempek, T. A.; Calvert, L. S. Formal production features of infant and toddler DVDs. *Arch. Pediatr. Adolesc. Med.*, v. 163, n. 12, p. 1151-1156, 2009.

Educar na
curiosidade

linha de vários outros que associam o consumo da televisão e dos *videogames* com problemas de atenção[28], e o fato de ver séries violentas antes dos três anos com problemas de atenção e de impulsividade aos sete anos[29]. Até mesmo prestigiados pediatras norte-americanos lançaram a mensagem *Primum no nocere* ("o primeiro passo é não causar dano"), máxima atribuída a Hipócrates aplicada no campo da medicina para conscientizar a comunidade científica sobre a importância de não incentivar o uso de telas durante a infância[30].

Como dizia Siegel, a criança precisa de *um ambiente normal..., uma quantidade mínima de estímulo*. Nem mais nem menos. A criança não precisa que desenhemos à força com giz os circuitos neuronais sobre o seu pequeno cérebro. Ela possui um motor interno que a leva a descobrir sozinha: a curiosidade. O protagonista da educação não é o método que se utiliza, nem a quantidade de estímulos, nem sequer o educador. Voltemos ao que dizia Montessori: a criança é protagonista da sua educação. O principal cuidador age como

---

28 Swing, E. L.; Gentile, D. A.; Anderson, C. A.; Walsh, D. A. Television and Video Game Exposure and the Development of Attention Problems. *Pediatrics*, v. 126, p. 214-221, 2010; Barlett, C. P.; Anderson, C. A.; Swing, E. L. Video Game Effects Confirmed, Suspected, and Speculative: a Review of the Evidence. *Simulation Gaming*, v. 40, p. 377-403, 2009.
29 Christakis, D. A.; Zimmerman, F. J.; DiGiuseppe, D. L.; McCarty, C. A. Early television exposure and subsequent attentional problems in children. *Pediatrics*, v. 111, n. 4, p. 708-713, 2004; Zimmerman, F. J.; Christakis, D. A. Associations between content types of early media exposure and subsequent attentional problems. *Pediatrics*, v. 120, n. 5, p. 986-992, 2007.
30 Christakis, D. A. Infant media viewing: first, do no harm. *Pediatr. Ann.*, v. 39, n. 9, p. 578-582, 2010.

um intermediário entre a criança e a realidade, como base de exploração. Se a relação com o cuidador é segura, a criança irá cada vez mais longe para explorar. Se não há um vínculo de confiança entre a criança e seus pais, ela será insegura e não explorará com segurança o que a rodeia[31]. Os pais que pensam que, depois de um dia de trabalho, devem se fazer de animadores de brinquedotecas com seus filhos já podem ficar tranquilos. A qualidade não se mede pelo número de estímulos que proporcionamos à criança. Somente o fato de estar estabelecendo um vínculo com ela – dar a papinha, olhar, falar suavemente, sorrir, acariciá-la – é suficiente. Uma criança de seis meses já se estimula bastante com o simples fato de olhar para suas mãos. Não precisa de bonecos que falem com ela, móbiles giratórios em cima do berço e música para pegar no sono todas as noites. Uma criança de nove meses fica encantada com o fato de arrancar a grama e levá-la à boca. Para uma criança de doze meses, é o suficiente que seu pai se esconda e apareça de surpresa várias vezes no canto da porta do seu quarto, e que consiga esticar o braço para alcançar a estante das conservas de tomate... Como dizia Chesterton:

> ... quando somos criancinhas não precisamos de contos de fadas: só precisamos de contos.
> A vida pura e simples é suficientemente interessante. Uma criança de sete anos se impressiona quando lhe contam que Tommy

---

[31] Vide nota 12.

abriu a porta e viu um dragão. Mas uma criança de três anos se impressiona quando lhe contam que Tommy abriu a porta.[32]

Para uma criança pequena, a superestimulação pode ser encontrada em detalhes que um adulto com pouca sensibilidade, ou com dificuldade para colocar-se no lugar da criança, quase não percebe. Por exemplo, Christakis[33] diz que um conteúdo televisivo com luzes intermitentes, mudanças de imagem, movimentos rápidos, cortes de imagens etc. pode ser uma superestimulação para o cérebro em pleno desenvolvimento de uma criança pequena e pode potencialmente ter efeitos adversos. Existem estudos que relacionam as horas de televisão durante a infância com o risco de apresentar problemas relacionados com a atenção e transtornos de aprendizagem, com uma diminuição do interesse do aluno na sala de aula e dos resultados em matemática, e com o risco de não chegar a cursar a educação superior[34]. As telas estridentes turvam a única aprendizagem permanente que

---

32 Vide nota 23.
33 Vide nota 29; Christakis, D. A. The effects of infant *media* usage: what we know and what shold we learn? *Acta Paediatrica*, v. 98, p. 8-16, 2008.
34 Johnson, J.; Cohen, P.; Kasen, S.; Brook, J. S. Extensive Television Viewing and the Development of Attention and Learning Difficulties During Adolescense. *Archives of Pediatrics and Adolescent Medicine*, v. 161, n. 5, p. 480-486, 2007; Hancox, R. J.; Milne, B. J.; Poulton, R. Association of television viewing during childhood with poor educational achievement. *Arch. Pediatr. Adolesc. Med.*, v. 159, p. 614-618, 2005; Pagani, L. S.; Fitzpatrick, C.; Barnett, T. A.; E. Dubow, E. Prospective associations between early childhood television exposure and academic, psicosocial, and physical well-being middle childhood. *Arch. Pediatr. Adolesc. Med.*, v. 164, n. 5, p. 425-431, 2010.

existe na criança: a de descobrir por si mesma e no seu ritmo o mundo pela primeira vez ou de novo.

Agora, deixemos de lado os estudos e apenas apelemos ao senso comum. O que acontece quando superestimulamos uma criança? Se não está acostumada com a superestimulação, terá uma resposta de proteção diante da saturação dos sentidos. No recém-nascido, a reação é notada porque fecha os olhos e foge do barulho com um rápido balanço da cabeça da esquerda para a direita e da direita para a esquerda. Em uma criança de dois, três ou quatro anos que não está acostumada, a superestimulação começa com uma forte impressão e uma sensação de rejeição que pode provocar medos, choro, tensão interna e externa. É o que acontece, por exemplo, quando uma criança pequena entra pela primeira vez na sala de um cinema.

O que acontece se a criança está persistentemente sob o efeito da superestimulação, seja pela saturação de bens materiais, de caprichos, de atividades extraescolares, por falta de sono, por estímulos que consistem em adiantar etapas, pela intensidade exagerada do som ou do ritmo de um programa de televisão, ou porque pedimos à criança que realize várias atividades de uma vez? O ser humano tem uma capacidade muito grande de adaptação ao ambiente. Acostuma-se a viver sob várias condições. Nesse caso, passada a primeira impressão, a criança acostuma-se a viver superestimulada de maneira contínua. A saturação dos sentidos ocasionada pela superestimulação provoca o seguinte círculo vicioso:

Educar na
curiosidade

1. A superestimulação substitui o motor da criança e anula a sua capacidade de curiosidade, de criatividade, de imaginação.
2. Após uma sensação fugaz de euforia, a criança se acomoda, fica passiva, não toma iniciativas, se entedia e deixa que a preguiça mental a invada. Sonha cada vez menos e mostra apatia, mas é uma apatia inquieta, porque a criança está acostumada – ou melhor, está viciada – no barulho de fundo da superestimulação e quer mais. A superestimulação predispõe a criança a viver com níveis de estímulos cada vez mais altos.
3. A criança fica hiperativa, nervosa, não fica à vontade consigo mesma e quer chamar a atenção dos adultos violando as normas. Precisa procurar entretenimento ou sensações novas cada vez mais intensas para aliviar seu vício da superestimulação. Quando a encontra, se tranquiliza, como um fumante ansioso que se reencontra com o seu cigarro. Essa é a razão pela qual um recém-nascido superestimulado só dorme com um passeio de carro ou quando é ninado debaixo da coifa da cozinha.
4. Aumenta o barulho de fundo da superestimulação ao qual a criança está acostumada e inicia-se novamente o círculo vicioso com mais força... A indústria da telecomunicação e os meios de comunicação proporcionam a ela a estimulação que

precisa, com conteúdos cada vez mais agressivos, espantosos e rápidos. Desde as imagens de linchamentos e de guerras sangrentas nas notícias até as histórias violentas e de horror cheias de sangue e de vampiros nos livros e nas telas de todos os tipos.
5. A criança superestimulada se transforma então em um adolescente que viu e teve de tudo. Fica desgastado, saturado, tem o desejo bloqueado... Alguns desses adolescentes pedirão aos seus pais e professores, como Elisa, que os ajudem a desejar... Outros procurarão seu "entretenimento" em outro tipo de atividade: atos de vandalismo, violência escolar, bebedeiras, drogas etc., usando as pessoas que implicam nessas atividades como uma forma de "se divertirem".

As crianças de hoje em dia não são como as de antigamente, constatam as avós. É verdade. Hoje em dia, é necessário retroceder a uma idade cada vez mais precoce para que nos deparemos com a curiosidade em uma criança. Constatamos, então, que há cada vez mais crianças e, logo, adolescentes dispersos, hiperativos, com dificuldades para criar vínculos, para reconhecer a autoridade, para administrar sua afetividade, com atitudes às vezes violentas, ingratas, e que encontram sua fonte de motivação principalmente na estimulação externa.

Antes uma criança de cinco anos podia ficar fascinada escutando *A Abelha Maia*. Agora, ficará entediada. E ficará

Educar na
curiosidade

entediada com *Caillou*, com *O Carteiro Paulo* e com *Dora a Aventureira*. Antes víamos *E.T.* com seis anos, *Os Goonies* com doze anos e *Poltergeist* quando adultos. Acredito que agora uma criança de cinco anos não pestanejaria diante do terror e do suspense de *Poltergeist*, ficaria entediada com *Os Goonies* e não aguentaria meio minuto o ritmo de *E.T.* A natureza da criança não mudou, as crianças são crianças e continuarão sendo sempre. É o ambiente no qual estão as crianças que mudou, que as submete a estímulos que as impedem de divertir-se com um filme lento. Antes, o ambiente imediato da criança costumava adaptar-se ao seu ritmo e às suas necessidades. Agora, é ela quem deve adaptar-se ao ritmo frenético de um ambiente que produz cada vez mais estímulos. Televisão, *videogames*, inúmeras atividades extraescolares, menos horas de sono, uma escolarização mais precoce, brinquedos que falam etc. Como bem dizia Montessori:

> Quando a criança reage isolando-se, ignorando seus pais, acomoda-se, desanima-se, é mimado, ou mostra qualquer outro tipo de comportamento inesperado por parte dos pais, poucas vezes o adulto chega à conclusão de que esse comportamento é um grito, um protesto da natureza, ao pai que impôs à criança algo que vai contra a sua dignidade ou lhe privou de algo imprescindível para seu desenvolvimento[35].

---
35 Montessori, M. *The Child and The Church*. Chantilly, VA: E. M. Standing, 1965. p. 145.

Quando o educador percebe esse protesto da criança, pode, sem saber, responder de forma que ela entre em um círculo vicioso que piore a situação. Ou intensifica a disciplina e volta a negar com teimosia a resolução das necessidades básicas da criança; ou não respeita seus ritmos, entre eles o do sono; ou preenche a sua agenda com atividades extraescolares; ou joga a toalha e concede à criança todo tipo de caprichos, saturando cada vez mais os sentidos; ou coloca para ela um DVD para aliviar seu vício. Em todos esses casos, é acentuada a espiral viciosa e fica cada vez mais difícil de resolver o problema.

A intensidade da espiral varia de uma criança para outra, dependendo da quantidade de estímulos e da permanência ao longo do dia e dos anos que dure a situação de superestimulação. O mais lógico é que a criança peça cada vez "mais animação" como Alex e acabe em uma atitude geral de bloqueio do desejo que Elisa e seus professores chamarão de "falta de motivação".

Blaise Pascal dizia que "toda a infelicidade dos homens deriva de um simples fato: eles não conseguem ficar quietos em seu quarto". Uma criança que não iniciou o círculo vicioso da espiral da superestimulação, a quem, além disso, não demos respostas prontas, deixando-a descobrir as coisas no seu ritmo, através de brincadeiras livres, será provavelmente uma criança genial, independentemente do seu potencial intelectual. A criança original é a que está acostumada a iniciar seu processo educacional do

Educar na
curiosidade

lado de dentro. É curiosa, descobridora, inventora, capaz de duvidar sem se desconcentrar, de formular hipóteses e de comprovar a sua validez mediante a observação. Observará com calma as plantas, as flores, os caracóis e as borboletas. Aproximará uma folha de papel das pinças das tesourinhas para ver o que o inseto faz com ela. Brincará com sua sombra, se perguntará por que a imagem que projeta no espelho a imita sempre, se perguntará como pode ser que Mary Poppins suba pela chaminé desafiando a lei da gravidade. Na praia começará a procurar tesouros escavando; e no bosque imaginará as casas que podem ser construídas em uma árvore. Todas essas perguntas e essas aventuras que partem da curiosidade dos nossos pequenos filósofos, se encontram o ambiente fértil necessário para uma educação na curiosidade, são o preâmbulo de uma reflexão ainda mais profunda sobre os mistérios e as leis do nosso mundo.

Quando essa criança curiosa chegar à adolescência, será mais natural para ela estudar porque terá curiosidade intelectual. É verdade que o adolescente de todos os tempos tem traços determinados que não são curados com a curiosidade, mas este fará que seja mais natural para ele ler romances e que considere prazerosas as longas e belas descrições dos lugares e dos traços do caráter das personagens. Não se entediará com os escritos de autores como Cervantes, Tolkien e C. S. Lewis.

# 4.
As consequências sociais do modelo mecanicista

"[...] no passado o homem estava em primeiro lugar; no futuro, o sistema terá a primazia [...] o maior objetivo duma boa organização é o aperfeiçoamento de seus homens de primeira ordem."

FREDERICK W. TAYLOR,
pai da teoria mecanicista na organização do trabalho

"A mera ideia de que uma coisa cruel possa ser útil é já de si imoral."

CÍCERO

O modelo educacional mecanicista, que consiste em traçar limites para as crianças e em aplicar métodos externos para que cada uma delas possa alcançar esses limites, prevê problemas para o desenvolvimento da nossa sociedade. Por quê? Primeiro porque se trata de um modelo que considera a criança como um ser programável, um produto estandardizado, definitivamente, um meio em direção a um fim que se encontra fora dela. Segundo esse modelo educacional, os limites se desenvolvem de duas formas: segundo a média ou

Educar na
curiosidade

segundo as expectativas sociais em função do que a sociedade considera útil em cada momento.

No primeiro caso, os limites são determinados em função da média, ou seja, do que se considera que uma criança deve saber ou fazer para a idade correspondente porque assim determina a curva baseada na média do que fazem ou sabem todas as crianças da mesma idade. Quando uma criança sai da curva porque não engatinha em uma determinada idade, por exemplo, ou porque não consegue prestar atenção na aula, então tocam os alarmes e se buscam meios para remediar isso. Cada vez há mais crianças medicadas para facilitar o aprendizado em idades cada vez mais precoces. Cada vez há mais crianças dormindo na sala de aula porque suas atividades extracurriculares não cabem nas suas agendas. Cada vez há mais crianças repetindo de ano. Há pouco tempo, um jardim da infância apresentou para uma mãe a necessidade de repetir de ano a sua filha de cinco anos porque esta apresentava dificuldades na escrita e na leitura. Como é possível que cheguemos a tais extremos se a vida inteira começamos a ler e a escrever depois dos cinco anos?

Outra forma de definir os limites muito na moda hoje em dia é em função das necessidades da sociedade. Precisamos de crianças capazes de se encaixar no mercado laboral, econômico. Preparemos as crianças para isso dando-lhes ferramentas técnicas. A limitação desse modelo? Hoje em dia, podemos vê-la claramente. Os mercados laboral e econômico mudam tanto que é impossível saber com certeza o que precisaremos nos próximos vinte anos das crianças que hoje têm apenas três. Os modelos laboral e econômico mudam não a cada geração, e sim a cada trimestre; às vezes é questão de semanas. Por exemplo, direcionamos as crianças para profissões que talvez não sejam as necessárias para o mercado quando comecem a trabalhar. Se antes um título proporcionava segurança na hora de encontrar um trabalho, agora não é o caso. Precisam ser, mais do que nunca, pessoas criativas, engenhosas, capazes de adaptar-se às mudanças. Por exemplo, começamos, já no jardim da infância, a educá-las com novas ferramentas tecnológicas, pensando que estarão na vanguarda, quando certamente essas ferramentas terão entrado para a história quando tiverem a idade de incorporar-se ao mercado laboral, ou muito antes disso. E, como a aprendizagem de um nativo digital – uma criança que nasceu na era digital, ou seja, nossos filhos – é extremamente rápida, teremos perdido tempo e recursos valiosos investindo em ensiná-las a usar ferramentas em uma idade na qual provavelmente seria muito melhor investir seu tempo em outras atividades que as ajudassem a ser criativas, engenhosas e capazes de adaptar-se às mudanças.

Da criação dos limites para termos crianças supostamente *normais* – porque seguem a curva da média – à corrida para criar a supercriança, há somente um passo. E estamos trabalhando para isso nos dias de hoje. Cada vez mais existem pais que enchem a cabeça e a agenda dos seus filhos com atividades escolares e extraescolares para adiantar as etapas, e, como consequência lógica, que a curva se desloque. Se antes aprendiam a ler com seis anos, agora consideramos obrigatório começar com dois ou três.

Conclusão? Os métodos mecanicistas triunfaram durante anos porque eram úteis, e tudo o que é útil não se questiona, até que deixa de ser, é claro. Agora estamos em um momento fundamental. Os momentos de crise são momentos privilegiados para questionar os sistemas, entre eles o sistema educacional. Ou nos dedicamos a procurar outro modelo educacional mecanicista que resolva os nossos problemas em curto prazo, ou colocamos em dúvida esse modelo e devolvemos à criança o protagonismo da sua educação. Educar na curiosidade é optar pela segunda opção.

5.
Educar *versus* inculcar

"Todos somos superdotados em alguma coisa. Trata-se de descobrir em quê. Essa deveria ser a principal função da educação."

SIR KEN ROBINSON

"A tarefa do educador moderno não é podar as selvas, mas sim regar os desertos."

C. S. LEWIS

Diante da situação de falta de autocontrole em crianças como Alex e de falta de motivação em alunos como Elisa, alguns pedagogos falam da necessidade de voltar a "inculcar" nas crianças os bons hábitos e o valor do esforço. Acertamos em um dos sintomas, mas, para aplicar o remédio adequado, é preciso realizar um diagnóstico baseado na primeira causa que deu origem à cadeia de problemas. As crianças estão acomodadas, são mal agradecidas, esperam que as entretenham, que as carreguem, porque demos a elas tudo mastigado, temos ocupado o lugar de algo em seu processo natural

Educar na
curiosidade

de descoberta do mundo: a curiosidade. Evidentemente, "inculcar" não parece um verbo adequado para descrever o processo de recuperação da curiosidade, porque justamente insinua uma ação externa ao sujeito.

Observando as raízes etimológicas de "inculcar", encontramos o seguinte. *Inculcare. In* significa "para o interior", enquanto *calcis* significa "calcanhar". Primitivamente, tinha o sentido de utilizar o calcanhar como um martelo para cravar com força algo dentro de alguma coisa. Daí vem o seu significado atual de infundir com força no espírito de alguém uma ideia, um conceito ou de afirmar-se, obstinar-se naquilo que se sente ou prefere.

Conclusão? De fora para dentro. Insinua uma ação externa e alheia ao sujeito. Inculcar é uma técnica mecanicista que não consegue resultados permanentes, porque o sujeito não faz seu o que é apresentado a ele. Inculcar é cancelar a criança, substituindo-a.

Por sua vez, a raiz etimológica de "educar" é exatamente o contrário. *Ex* e *ducere*. Acompanhar, extraindo o melhor de cada um de dentro para fora. Uma concepção que conta com a criança porque assume que o desejo de aprender nasce do lado de dentro, não do lado de fora.

Qual é a diferença do ponto de vista de quem educa e de quem inculca? O paradigma do educador que educa é *acolher*, enquanto o do educador que inculca é *dar*, ou melhor, *impor*. Quem educa aceita a criança como é e a acompanha na sua busca pela excelência, rodeando-a de oportunidades para que chegue por si só até elas e protegendo o seu olhar do que não lhe convém. Acolher é deixar de projetar sobre a criança as dificuldades e as complexidades do mundo adulto, emprestando a ela todo tipo de intenções mesquinhas que ainda não tem idade para poder assumir, nem sequer entender. A criança pequena é inocente, incapaz de pensamentos mesquinhos, intenções distorcidas. Tem o olhar limpo.

Acolher é o que faz de todos nós mais humanos, a quem acolhe e a quem é acolhido. Acolher é reconhecer que a criança é protagonista da sua biografia, que tem necessidades básicas, ritmos que não são os nossos. Acolher é percebermos que a criança aprende do lado de dentro e que não é necessário bombardeá-la com estímulos externos.

Por outro lado, quem *inculca* age segundo sua própria medida, não a da criança, querendo fazê-la à sua medida. Se não há um acolhimento prévio ao ato de dar, nosso presente vem imposto, porque tem interesse. É um presente que hipoteca a criança. "Te dou, mas em troca você deve sujeitar-se e adotar uma série de comportamentos que eu gosto." Quantas vezes escutamos as pessoas dizerem – ou talvez de nós mesmos já escapou – "Faço isso pelo seu bem"? E a resposta da criança, se pudesse perceber o que acontece e falar, sem dúvida seria: "Você gosta mais de mim ou do meu bem? Primeiro goste de mim, me acolha. Depois, goste do meu bem, guiando-me, dando-me oportunidades para ser melhor, rodeando-me do que convém à minha natureza e protegendo-me do que não me convém". Como é difícil não confundir os fins com os meios! A finalidade da educação é a criança, não o que pretendemos conseguir com ela.

Educar na *curiosidade*

Inculcar não é o caminho. Tampouco são soluções adequadas os castigos e as imposições tal como se apresentam em tantas leis e códigos de ética hoje em dia, porque acabam gerando anticorpos que têm o efeito oposto ao desejado. Tampouco ainda são duradouros os "incentivos", porque são recompensas que geram comportamentos condicionados, que não são livres, e criam dependência nas pessoas, nas instituições ou nos governos que os promovem.

Estamos em uma cruzada pela liberdade, mas nunca houve tanta gente "teledirigida" em sua vida pelo "que está na moda", em busca da sua própria identidade. Não há liberdade sem vontade. Não há vontade sem motivação, que nasce do lado de dentro. Mas a motivação somente será permanente se for autêntica, se irradiar do interior de cada ser humano, se nascer no coração e na inteligência, movida pela curiosidade. Não seria essa capacidade de curiosidade o que nos faz ser "mais pessoas", porque agimos por convicção, por nós mesmos, sem sermos escravos de uma fonte de motivação externa? Nunca houve tanta literatura empresarial e de autoajuda sobre o tema da motivação. Quando a curiosidade está afogada do lado de dentro, a pessoa passa a vida inteira procurando sucedâneos externos. Em ambiente empresarial, os chefes estudam técnicas de persuasão, realizam ambiente de clima laboral que contemplam indicadores externos à pessoa, pagam para que façam *coaching*, contratam treinamento em "técnicas" de motivação. Como pais, procuramos as receitas fáceis para fazer a criança dormir, para que coma e para que "se comporte bem". No âmbito pessoal, lemos livros de autoajuda, colocamos nossa fé no Feng Shui e em todos os tipos de filosofias de vida porque são as que "se exigem" etc. Em vez de viver de dentro para fora, vivemos de fora para dentro. Somos favoráveis às receitas fáceis; quase todos os livros de autoajuda começam pelos "10 segredos para...". Não há tempo para aprofundar, que me deixem tudo muito mastigado, por favor. Muitas são as pessoas que procuram a felicidade, mas poucas são as que a criam.

Para voltar à situação, devemos aprofundar o assunto. O que devemos mudar, para que mude a cultura da falta de esforço, não são as crianças, nem os adolescentes, mas sim a abordagem que temos a respeito da educação de nossos filhos. Devemos deixar de *inculcar* e começar a *extrair o melhor deles*. Einstein dizia que "não podemos resolver problemas usando o mesmo padrão de pensamento que tivemos para criá-los". Se as crianças não se esforçam porque a perda da curiosidade cancelou e bloqueou o desejo delas, devemos ajudá-las a voltar a descobrir a curiosidade. Devemos imaginar novamente uma educação infantil que conte com a curiosidade. Devemos aprender a educar na curiosidade. E como se faz isso? Educar na curiosidade consiste em respeitar sua liberdade interior, contando com a criança no processo educacional; respeitar seus ritmos; fomentar o silêncio, a brincadeira livre; respeitar as etapas da infância; rodear a criança de beleza, sem saturar os sentidos...

Na próxima parte do livro, aprofundaremos cada uma dessas ideias.

II.
COMO EDUCAR NA CURIOSIDADE?

6.
Liberdade interior: o caos controlado da brincadeira livre

"Passamos o primeiro ano da vida de uma criança ensinando-a a caminhar, mas o resto de sua vida a se calar e a se sentar. Tem alguma coisa errada aí."

NEIL DEGRASSE TYSON

"A missão que corresponde ao educador é permitir que a criança desenvolva sua própria forma de ser e inclusive incentivá-la a ter o costume de agir por iniciativa própria."

ROMANO GUARDINI, *Las etapas de la vida:* su importancia para la ética y la pedagogía

Dissemos que o processo de aprendizagem nasce do lado de dentro. A curiosidade é o desejo de conhecimento. Para que uma pessoa possa encantar-se, é preciso ser livre interiormente. Quanto menos filtros e preconceitos, mais livre se pode ser, porque a pessoa não está "condicionada" a pensar de uma maneira determinada. Por exemplo, as crianças pequenas são pouco condicionadas pelo "o que vão dizer" do vizinho, sobre manter as aparências de que "tudo vai bem" e a reputação. As crianças possuem poucas amarras. Sua criatividade é maior que a de um adulto. Mas em seguida, e com razão, surge-nos a seguinte dúvida: não é necessário estruturar minimamente essa criatividade? Algo de bom pode surgir da descoberta no caos?

Invenção e disciplina parecem ser conceitos contraditórios. Mas não são. Pablo Picasso dizia: "a inspiração existe, mas tem que te encontrar trabalhando". De fato, Einstein, a quem nunca faltava o humor, propôs a seguinte fórmula para o sucesso:

$A \ (sucesso) = X \ (trabalho) + \mathbf{Y \ (brincadeira)} + Z \ (calar \ a \ boca)$

Se não há liberdade interior na realização do trabalho, é difícil conseguir o sucesso. Aqui, a brincadeira não se define como a *diversão* de quem vai ao cinema ou liga a televisão pensando "vamos ver o que está passando para me divertir" ou daquela criança jogada no sofá que pega o *videogame* como o primeiro e último recurso para matar o tédio. A brincadeira tem o significado de apreciar a realização de uma tarefa porque a pessoa a realiza com o coração, coloca nela imaginação, criatividade, a interioriza, a faz sua. Como aquela criança que passa horas em silêncio, concentrada, fazendo bolos com areia fina, água e pedrinhas na beira do mar. Ou como aquela criança que constrói cabanas com lençóis ao redor dos móveis da sala de jantar.

O mesmo filósofo que relacionou a admiração com o conhecimento, Tomás de Aquino, também escreveu sobre as duas maneiras com as quais é possível adquirir conhecimentos. De alguma maneira, responde à pergunta. Tomás de

Aquino diz que há duas maneiras de adquirir conhecimentos: 1) por *invenção ou descoberta* e 2) por *disciplina e aprendizagem*, quando outra pessoa auxilia a razão de quem aprende.

Segundo ele, a primeira é o modo mais "elevado" e a outra vem em segundo lugar, pois toda disciplina se faz a partir de um conhecimento preexistente, e esse conhecimento é originado a partir da pessoa que descobre, na qual existem sementes do conhecimento[36]. Essa explicação, feita há sete séculos, era uma intuição do que agora afirma a neurociência. *Não somos completamente dependentes da experiência*, diz o neurocientista Dan Siegel, mas *estamos na expectativa dela*. Existe na criança um movimento natural de proatividade para o conhecimento que, hoje em dia, não somente subestimamos, mas ignoramos e cancelamos com bombardeios contínuos de estímulos externos. A aprendizagem é originada no lado de dentro, e o mecanismo através do qual desejamos conhecer é a curiosidade.

Vejamos a seguir que descoberta e disciplina não são conceitos opostos, e sim complementares. Mas a ordem sequencial não é irrelevante. Primeiro, é necessário acompanhar a criança, protagonista da sua educação, criando as condições favoráveis para que possa descobrir por si só. Não é preciso motivar a criança *a priori*, apresentando a ela coisas extraordinárias e espetaculares, substituindo sua imaginação para direcioná-la a agir de forma determinada. Em segundo lugar, e somente em segundo lugar, é necessário estruturar a transmissão do conhecimento contando com a motivação da

---

[36] Tomás de Aquino. *De Veritate*, q. 11, a. 1: *conceptiones intellectus*.

criança, alavanca que procede do mesmo processo de descoberta iniciado por ela mesma e da invenção, e a descoberta. A estrutura tem que ser mínima e deve servir para facilitar a invenção e a descoberta. Não é o fim, é um meio.

Seria um erro tirar esse conselho de contexto para concluir que não se deve colocar limites nas crianças. Uma criança não se educa sozinha, e claro que é necessário impor limites a ela. Devemos preparar o ambiente de tal maneira que fiquem claros esses limites. Mas é necessário diferenciar, por um lado, o que seria ceder ao capricho e, por outro, deixar que a criança seja protagonista da sua educação. Por exemplo, perguntar a uma criança "o que você quer jantar, querida?" é uma coisa. Outra muito diferente é perguntar o que ela gostaria de construir com os tijolos de Lego. Neste último caso, deixamos que se posicione, que tenha iniciativa por si, que seja criativa, que interiorize o aprendizado. Muito provavelmente, para essa criança será mais fácil escolher a carreira sem que seus pais tenham que forçá-la quando termine o colégio e será mais fácil motivar-se por si para estudar com o objetivo de passar no vestibular para assim garantir sua entrada na carreira universitária que tenha escolhido previamente. Se respeitamos na criança, o movimento interior de se propor metas e agir para alcançá-las, ela fará isso com maior facilidade na adolescência. E não precisará que seus pais ou professores a motivem.

Uma forma concreta de respeitar a ordem proposta anteriormente na educação infantil se encontra no *caos con-*

trolado da brincadeira livre, pois existe uma estrutura mínima (o espaço no qual se encontra a criança, com os objetos que foram colocados à sua disposição, com algumas normas básicas de convivência e de ordem e rodeado de educadores preparados para acompanhá-la), ao mesmo tempo em que se permite à criança descobrir livremente.

O Ministério da Educação da Finlândia, um país conhecido por encabeçar repetidamente os *rankings* dos relatórios Pisa (Programme for International Student Assessment), descreve uma abordagem parecida à da brincadeira livre nos seus jardins de infância:

> A criança é capaz de apreciar a companhia dos demais, através da sua experiência da alegria e da liberdade de ação em um ambiente seguro e sem pressa [...]. A criança é protagonista ativa da sua aprendizagem, a qual é motivada pela sua curiosidade, pela vontade de explorar e pela alegria da sua autorrealização. [...] Enquanto os educadores interagem, trocam experiências com as crianças e observam suas atividades, conseguem entrar no mundo e na forma de pensar da criança. E algo ainda mais importante, as crianças sentem que suas explorações, suas perguntas, pensamentos e atividades fazem sentido[37].

Segundo essa abordagem, o educador é facilitador, não dirige. Realiza seu trabalho com discrição e com humildade. A criança é a protagonista.

---

37 Ministry of Social Affairs and Health of Finland. *Early Childhood Education and Care in Finland*. Helsinki: Ministry of Social Affairs and Health, 2004. p. 14.

Educar na
curiosidade

É importante que as brincadeiras escolhidas, na medida do possível, não tenham pilhas nem botões. As pilhas devem nascer dentro da criança. Não é a brincadeira que deve funcionar, e sim a criança que deve ter a iniciativa através da brincadeira. A criança deve ter espaço para pensar, sem receber sempre tudo mastigado. Ao contrário do que argumenta o modelo mecanicista, é bom que as perguntas que fazem nossos filhos, às vezes, fiquem sem respostas.

— E você, o que pensa? — respondeu a mãe ao seu filho.

Se a criança se incomoda e fica nervosa com essa resposta, é porque perdeu a capacidade de imaginar, de pensar por si só, de sonhar. Por outro lado, se sorri serenamente e se perde "no mundo da lua", podemos ficar tranquilos e contentes de ter acompanhado a criança em um processo de pensamento autônomo.

— Mamãe, esse (o sapato) vai aqui?

— Não.

— E aqui? (mostrando o outro pé)

— Não.

A criança ficou pensando, confusa. Após alguns segundos, olha para a mãe com um doce sorriso de cumplicidade.

— Tudo bem, obrigado, mamãe.

— De nada, querido.

A invenção através da brincadeira é muito importante para o bom desenvolvimento da criança. A disciplina – as regras, os métodos e o material educativo – é um mero suporte, não é um fim em si, lembra-nos Víctor García Hoz, primeiro catedrático de pedagogia na Espanha:

> O processo educacional em si se realiza nesta idade principalmente através da brincadeira, que é "mais velha do que a cultura". O uso eficaz do material, a comunicação com os pequenos protagonistas da educação, a realização das tarefas do dia a dia são coisas desesperançadas e ainda mortas, a menos que sejam vivificadas pela imaginação, pela capacidade criadora e pelo ânimo pessoal de mestres que tenham inteligência para entender de evidências científicas e tenham sensibilidade para intuir através dos olhos abertos de uma criança todo o mistério da vida e todas as possibilidades da existência pessoal de um ser humano[38].

A brincadeira é a atividade por excelência através da qual as crianças aprendem, movidas pela curiosidade. As crianças pequenas são naturalmente inventivas. Apenas é necessário dar a elas umas mantas e em seguida farão uma cabana com os móveis da sala de jantar. Se dermos a elas um pouco de água e de terra, farão uns bolinhos e uns pudins deliciosos para dividir com a mamãe. Alguns estudos confirmam que o tempo de brincadeira sem muitas estruturas é fundamental para que a criança possa desenvolver a capaci-

---

[38] García Hoz, V. *Princípios de pedagogía sistemática*. 11. ed. Madrid: Rialp, 1960.

dade de resolver problemas, para fomentar a criatividade[39] e para desenvolver sua capacidade de prestar atenção[40]. Alguns especialistas associam a brincadeira imaginativa da criança com um controle melhor da sua impulsividade[41], porque sua capacidade de imaginar as faz capazes de desejar uma coisa imaginando-a enquanto a conseguem. Na brincadeira, agem, aprendem a exercer sua liberdade, transformam-se em adultinhos. Em um artigo muito recente da prestigiada *Harvard Educational Review*, argumenta-se que a curiosidade das crianças é o motor por excelência do seu desenvolvimento intelectual, um mecanismo que sustenta uma aprendizagem autêntica[42]. A brincadeira é o contexto por excelência no qual as crianças podem dar asas à sua curiosidade. Definitivamente, aprender de dentro para fora.

Em um estudo recente realizado nos Estados Unidos, foi constatado que a criatividade das crianças que estão na faixa etária do jardim de infância até o terceiro ano do primário havia diminuído de forma significativa nos últimos vinte

---

39 Ginsburg, Kenneth R. The importance of play in promoting healthy child development and maintaining Strong parent-child Bonds. *Pediatrics*, v. 119, n. 1, p. 182-191, 2007.

40 Barkley, R. A. Behavioral inhibition, sustained attention, and executive functions: constructing a unifying theory of ADHD. *Psychol. Bull.*, v. 121, n. 1, p. 65-94, 1997.

41 Singer, J. L. Cognitive and affective implications of imaginative play in childhood. In: Lewis, M. (ed.). *Child and Adolescent Psychiatry:* A comprehensive Texbook. Philadelphia, PA: Williams & Wilkins, 2002. p. 252-263.

42 Engel, S. Children's need to know: Curiosity in schools. *Harvard Educational Review*, v. 8/1, n. 4, p. 625-645, 2011.

anos⁴³. Fala-se muito de uma crise de criatividade no sistema educacional e na sociedade em geral. Csikszentmihalyi, um especialista em criatividade, diz que a apreciação de uma atividade e o florescimento da criatividade enquanto a pessoa a executa ocorrem na metade do caminho entre os estados de tédio e de ansiedade⁴⁴. O tédio ocorre quando a tarefa é muito fácil para as habilidades da pessoa que a realiza. Não há desafio, não há motivação. Essa é a razão pela qual 40% das eminências criativas, como Einstein, por exemplo, eram péssimos estudantes⁴⁵. A ansiedade, por outro lado, acontece quando a tarefa é muito difícil para as habilidades da pessoa que a realiza. A pessoa se sente incapaz e frustrada; tudo isso bloqueia a aprendizagem.

As atividades muito estruturadas ou nas quais a disciplina tem prioridade sobre a invenção e a descoberta enquadram as crianças pequenas em um destes dois estados: o tédio ou a ansiedade.

Por outro lado, o entretenimento e a diversão – filmes, *videogames*, telas de computador etc. –, ainda que seja com fins educativos, fazem que a criança se torne mais passiva, acomodada, distraída, pois é exigido dela pouco esforço

---

43 Kim, K. H. The creativity crisis: The decrease in creative thinking scores on the Torrance Tests of Creative Thinking. *Creativity Research Journal*, n. 23, p. 285-295, 2011.

44 Csikszentmihalyi, M. *Beyond Boredom and Anxiety*: Experiencing Flow in Work and Play. San Francisco: Jossey-Bass, 1975.

45 Goertzel, M. G.; Goertzel, V. H. Intellectual and emocional climate in famílias producing eminente. *Gifted Child Quarterly*, n. 4, p. 59-60, 1960.

mental, o que faz com que a mente se torne preguiçosa e se acostume a não pensar[46]. Essa é a razão pela qual constatamos que existem cada vez mais crianças entediadas em idades cada vez mais precoces.

Ao contrário, na brincadeira livre, a criança procura naturalmente por si mesma o equilíbrio entre os estados de tédio e de ansiedade. Seu desejo inato de conhecimento faz com que procure desafios que se ajustem às suas capacidades, que aprenda e que desenvolva seu pensamento criativo. Brincar não é perder tempo.

Para averiguar em qual situação se encontram nossos filhos a esse respeito, podemos fazer o que chamo de "prova do tédio". As férias, os feriados, os finais de semana são um bom momento para observar nossos filhos em ambientes nos quais não há atividades estruturadas, nem superestímulos externos. Deixemos as crianças brincarem umas duas horas com seus irmãos, sem brinquedos, sem colchonetes, sem figurinhas, sem telas, sem bicicleta, em espaços abertos na natureza, e observemos como se interagem. Divertem-se sozinhos, tranquilamente, imaginando brincadeiras, ou entediam-se e experimentam ansiedade e hiperatividade? Não é normal que as crianças entre três e seis anos se entediem, porque sua criatividade é infinita e, no princípio, ainda pouco contaminada. Quando as crianças se entediam, é porque

---

[46] Johnson, J. G.; Cohen, P.; Kasen, S.; Brook, J. S. Extensive Television Viewing and the Development of Attention and Learning Difficulties During Adolescence. *Arch. Pediatr. Adolesc. Med.*, v. 161, n. 5, p. 7480-486, 2007.

durante o resto do ano estão condicionadas a um ritmo de vida frenético, a um ambiente muito estruturado ou a níveis de estímulo muito altos. Se nossos filhos passam na prova na natureza, logo podemos repeti-la na sala de espera do dentista ou no médico... Logicamente, naquelas em que não existam telas – restam poucas.

Primeiro a invenção e a descoberta. Depois, a disciplina e o aprendizado. Quando essa ordem não é respeitada na educação infantil, acaba se cumprindo o que dizia Carl G. Jung, "todos nós nascemos originais e morremos cópias". As crianças fazem o que dizemos a elas, nem mais, nem menos. Aprendem a apertar o botão em vez de imaginarem outras formas de resolver as situações. E, quando ninguém diz a elas o que devem fazer, olham para o aluno do lado e o imitam para não se destacar e não ter que responder pelas suas decisões. A falta de capacidade de invenção e descoberta sempre, ou quase sempre, acaba na irresponsabilidade e no conformismo.

7.
Ter tudo? Estabelecer e fazer respeitar os limites

"Eu não tenho certeza do mundo."

G. K. CHESTERTON

A forma mais direta e eficaz de matar a curiosidade de uma criança é dar a ela tudo o que quer, sem ao menos dar-lhe a oportunidade de desejar isso. A falta de limites e o consumismo frenético nas crianças destroem a curiosidade porque assim elas têm certeza de tudo. Pensam que as coisas são necessariamente como são feitas, atitude contrária à curiosidade. Ou, pior ainda, pensam que as coisas e as pessoas devem comportar-se sempre como elas mesmas querem que façam.

Todas as coisas valiosas requerem tempo. Uma gravidez, uma abóbora, uma borboleta, a amizade, o amor. Se as esperamos, as desejamos, reconhecemos o esforço realizado, usufruímos mais delas. Surpreendemo-nos diante da sua existência.

Miguel de Cervantes dizia que "a abundância das coisas, ainda que sejam boas, faz com que não as estimemos". Todos já fomos testemunhas de um aniversário, no qual o anfitrião, seja nosso filho ou outra criança, abre os presentes

Educar na
curiosidade

de forma mecânica, quase com indiferença. É que, diante de tantos presentes, a criança se insensibiliza. E entramos em uma espiral de consumismo, em que cada vez tem que ser maior o esforço para deslumbrar a criança com coisas cada vez mais sofisticadas e, claro, mais caras.

Vimos que o excesso de coisas *satura os sentidos* e *bloqueia o desejo*. Quando uma criança tem o seu desejo bloqueado, precisa de um entretenimento externo. Filmes rápidos, diversão, *videogames*, seja lá o que for. Ficam com mais dificuldade para ter interioridade e inventar brincadeiras baseadas na imaginação. Quando acaba o que têm à mão, procuram sua diversão na transgressão das normas, para provocar a autoridade, seja no colégio, em casa ou em outros ambientes. Cada vez é mais precoce a idade em que as crianças se prestam a essas "brincadeiras" de transgressão.

Uma vez realizei uma entrevista com Marta, uma professora de educação infantil fora de série, e perguntei a ela se notava a perda da curiosidade nos seus alunos. Entendeu rapidamente minha pergunta e me respondeu o seguinte:

> Definitivamente. E isso tem repercussões em dois âmbitos. Primeiro o da aprendizagem. As crianças não podem aprender se não levam consigo a curiosidade. Sem a curiosidade, as professoras precisam dar piruetas cada vez mais sofisticadas para conseguir que as crianças prestem atenção nelas. Por exemplo, outro dia, era uma data especial no colégio e disse às crianças que iríamos passear em um bosque próximo ao colégio para comer ali alguns sanduíches. Além disso, queria aproveitar

para ensinar algumas coisas para elas. Era uma maneira de acalmá-las porque as sentia muito agitadas. Mas isso não lhes causou nenhum encanto. Foi como se tivéssemos ficado na sala de aula. Para elas, tudo dá no mesmo. Isso faz com que seja muito complicado transmitir-lhes conhecimento, tudo é indiferente.

Essa perda da curiosidade também tem repercussões em outro terreno. As crianças procuram novas sensações porque o que é cotidiano já não lhes interessa. E, como não as encontram no que é comum, começam a buscá-las na transgressão das normas. Sair dos limites marcados no pátio, quebrar coisas, jogar comida no refeitório, negar-se a obedecer na aula, insultar as auxiliares etc. Preocupa-me muito, entre outras coisas porque, quando forem adolescentes, farão coisas muito piores...

"Eu obedeço aos meus pais, mas meus filhos não me obedecem", queixa-se uma mãe submissa aos mil desejos caprichosos dos seus filhos. O que aconteceu que estamos sacrificando nossas vidas em prol dos luxos e distrações dos nossos filhos? É verdade que muitos pais cedem aos caprichos das crianças porque hoje em dia a pressão cultural é muito grande para ter uma criança troféu. "Coitadinho, se tivesse que usar a roupa que era do seu irmão mais velho. Coitadinho, se tivesse que usar uma mochila fora de moda para ir ao colégio. Coitadinho, se tivesse que usar os tênis velhos até o final do curso. Coitadinha, se não tivesse as figurinhas da Hello Kitty que todos têm... Coitadinhos..." Para isso, estamos dispostos a qualquer coisa.

Educar na *curiosidade*

Os pais famosos, desde David Beckham a Brad Pitt, ostentam seus filhos como acessórios de moda, e a gravidez, que antes era o final da carreira para uma atriz, se transformou no acesso mais rápido para a capa de *Hello* ou *People*: os *paparazzi* brigam para fotografar o último bebê das grandes estrelas. As pesquisas indicam que, em vários países, as pessoas muito ricas começaram a ter famílias maiores. As crianças são agora um símbolo de *status*, a homenagem definitiva a uma cultura de consumo. Não importa a mulher troféu. É a era da criança troféu[47].

Quando deixamos de considerar as crianças como um presente, elas facilmente se transformam em troféus. E da criança troféu para a criança tirana é um passo. Segundo os pais, a criança troféu é tão perfeita que não é possível corrigi--la. Para que continue sendo muito "fofa" e possa ser "exibida" por aí, os pais devem ceder a todos os seus caprichos, para que não se torne "desagradável" em público. "Mamãe, ou me dá isso, ou apronto uma que você vai se lembrar", uma criança de quatro anos ameaçava sua mãe em um evento social. Qualquer coisa vale para evitar o aborrecimento. Compramos tranquilidade colocando Nutella em vez de presunto nos sanduíches ou não fazendo exigências para que não fique em evidência a pouca autoridade que temos sobre os nossos filhos. Mantemos nossa consciência tranquila pelas horas que tiramos comprando-lhes todo o arsenal necessário para continuar exibindo-os e mantendo-os controlados.

---

47 Honoré, C. *Bajo presión*. Barcelona: RBA, 2008.

É cada vez mais comum ver, nas ruas, crianças que pedem aos gritos que lhes ponham limites, em vão. Crianças para as quais nunca foi dito "não" até o fim... sem ceder. São crianças que conhecem as regras e as manipulam bem para conseguir o que querem. Na melhor das hipóteses, agradecem porque conhecem a *fórmula mágica*, mas são profundamente mal-agradecidas porque germinou no interior delas a semente do cinismo. Crianças que batem, que gritam, que quebram tudo, que correm sem olhar para frente, que escolhem por si mesmas suas roupas nas lojas e no armário, que sempre se queixam do que há no prato, que engolem um saquinho inteiro de salgadinhos em trinta segundos, que abrem os presentes de aniversário com indiferença, que respondem mal aos adultos, que não olham nos olhos, e se fazem isso é com um olhar desafiador. E tudo isso sem consequências. Sob o olhar passivo dos pais que abdicaram. Crianças tiranas, déspotas em potencial.

E tudo isso, como pode ser reconduzido? Há muitas variáveis que incidem, mas, basicamente, pode ser que com mais curiosidade consigamos isso. Menos produtos de luxo e mais Hacendado[48], menos celulares e mais tempo em família, menos *videogame* e mais bicicleta, menos recompensas materiais e mais demonstrações de carinho, menos televisão e mais passeios nas montanhas para observar a natureza, menos barulho e mais silêncio. Aprendendo que o que é

---

48 Marca de alimentos de baixo custo, popular na Espanha. (N.T.).

Educar na *curiosidade*

bom e valioso leva tempo e esforço. E, acima de tudo, saber dizer "não" ao que consideramos que não convém à criança... até o final.

Respeitar a liberdade interior da criança dentro de certos limites não é em si uma contradição. Ao contrário, já vimos que a disciplina e a invenção se complementam na brincadeira livre dentro de certos limites, o que chamamos de *caos controlado*. Mas é verdade que às vezes um dos jogos favoritos das crianças consiste em testar os limites. No entanto, é preferível não jogar esse jogo. Por exemplo, como conseguimos que uma criança não tire o boné que colocamos para protegê-la do sol? Colocando-o. Se tirá-lo uma vez? Colocamos o boné outra vez. Se tirá-lo outra vez? Colocamos outra vez. Até que já não o tire mais. E, se a criança já tem idade para intuir as consequências de suas ações, podemos voltar para casa dizendo: "Que pena, querido, não podemos ir ao parque porque você não está usando o boné e faz muito sol e não queremos que você se queime. Outro dia iremos... que pena!". É melhor que preencham seu tempo brincando dentro dos limites ao invés de testá-los. Como conseguimos que uma criança de três anos coma lentilhas? Colocando-as na refeição seguinte. Se não as come? Coloque-as na seguinte. Até que as coma. Aqui é necessário mencionar algo essencial. *Antes dos dois anos*, aproximadamente, a criança ainda não tem a capacidade de obedecer e é preferível tirar do seu alcance as coisas perigosas e chamar a atenção dela cada vez que as toque. Os bebês não zombam. Afirmar isso é iniciar um círculo vicioso de desconfiança entre o bebê e seus pais, o que intensifica a sensação de falta de atenção da criança e sua necessidade de chamar a atenção. Quando choram e se queixam, estão pedindo nossa atenção para resolver suas necessidades básicas, às vezes afetivas. É necessário ajudá-las a regular seus hábitos de sono, de comida, por exemplo, mas sem que isso prejudique a necessidade que o bebê tem de "ser cuidado" e sem cair no condutismo que o reduz a um mero sujeito passivo "programável" através de estímulos externos (prêmios e castigos), que têm a finalidade de condicionar a sua forma de agir. *A partir dos dois anos* aproximadamente, que é quando as crianças têm o vínculo de confiança consolidado com seu principal cuidador (e esse vínculo é justamente consequência de ele ter atendido suas necessidades básicas), as crianças começam a ter a capacidade de obedecer e devemos ensiná-las a descobrir as consequências naturais das suas ações. Devem começar a entender uma das leis mais importantes do nosso mundo: ultimamente, somos livres para fazer o que quisermos, mas não estamos livres das consequências naturais que nossos atos provocam. O mundo não age necessariamente como queremos que agisse. A birra da criança, por exemplo, nada mais é que uma consequência da frustração que lhe causa ter consciência disso a partir dos dois anos. "O mundo não age como eu quero e me aborreço para que aja como eu quero." Se cedermos, reforçamos a falsa esperança da criança. Se não cedermos, deixamos claro que as ações têm consequências naturais e que as pessoas não se

Educar na
curiosidade

comportam de acordo com os desejos da criança. Assim a ajudamos a recuperar o contexto, a redescobrir o contato com a realidade. Quanto antes ela assumir isso, menos sofreremos com as birras. E menos frustração a criança sentirá quando começar a conviver com outras pessoas. O mundo tem suas leis. O sol queima e, se não nos protegermos dele, nos queimaremos, queiramos isso ou não. Cada família tem suas normas, formas de funcionar. Para ir ao parque em um dia ensolarado, se a mãe diz que é necessário colocar um boné, e a criança não quer colocá-lo, simplesmente não irão ao parque. Não é necessário expor a norma com uma imposição, nem as consequências como castigos ou chantagens, e sim como consequências naturais das ações da criança, para que as entenda e as assuma. E se fizermos isso com alegria, sem dramas, e o papai e a mamãe dissermos o mesmo, muito melhor. A criança nos vê seguros e não iniciará a brincadeira de provar os limites. É verdade que nós, pais, estamos em uma situação de desvantagem para conseguir isso, porque nos falta tempo. Saber controlar bem uma birra requer tempo. Educar requer tempo... E às vezes ele se torna escasso.

Dissemos anteriormente que, na criança, se encontram as sementes do conhecimento, o que a predispõe a conhecer. Também diz Aristóteles que na criança se encontra a predisposição para a virtude. A criança cujos sentidos estão saturados pelo consumismo e cujo coração não sente gratidão é uma criança que perdeu a curiosidade e a capacidade de superação e de esforço para chegar à excelência. O consumismo afoga as sementes do conhecimento, e a ausência de limites sufoca a predisposição para a virtude. Uma criança que tem tudo possui cada vez mais dificuldades em esforçar-se para conseguir algo bom, porque confunde o bem com a sensação de prazer e de bem-estar que lhe causa a saturação dos sentidos. Aristóteles dizia que a educação certa consiste em saber alegrar-se e sofrer pelas coisas que valem a pena, e deveríamos ser educados para isso desde a infância[49]. A invenção, a forma mais elevada de conhecer, surge de maneira natural nas crianças, porque elas têm uma tendência natural para a verdade, para a bondade e para a beleza, como veremos adiante. No entanto, é verdade que a invenção e a descoberta não brotam no caos, no barulho contínuo, na saturação dos sentidos, na falta de limites e de disciplina. O que é bom demanda esforço. Miguel de Cervantes dizia que "o caminho da virtude é muito estreito e o caminho do vício, amplo e espaçoso". Uma criança mimada, paparicada, a quem não colocamos limites será uma criança com a vontade reduzida, terá as asas do esforço muito curtas para conseguir a excelência, que sempre requer esforço.

Ao contrário, se a criança assume certos limites e não tem medo do esforço, poderá ser verdadeiramente livre. Pode parecer paradoxal falar de limites e do esforço como condições para a liberdade, mas não o é. Montessori resolve o aparente paradoxo com as seguintes palavras: "Deixar a

---

[49] Aristóteles. *Ética a Nicómaco*. Madrid: Alianza, 2008. (Libro II; 3)

Educar na
curiosidade

criança, que ainda não desenvolveu sua vontade, fazer o que ela quiser é trair o sentido da liberdade. Porque a liberdade é, de maneira oposta, uma consequência do desenvolvimento da personalidade, conseguida mediante o esforço e experiência pessoal".

8.
A natureza

"O que acontece com uma criança que nunca vê as estrelas, que nunca tem encontros com outras espécies, que nunca experimenta a riqueza da natureza?"

RICHARD LOUV, autor de *Last Child in the Woods*

"É necessário e saudável que voltemos o olhar para a terra e que, na contemplação da sua beleza, nos encontremos com a curiosidade e a humildade."

RACHEL CARSON, autora de *Primavera silenciosa*

A natureza é uma das primeiras janelas de curiosidade da criança, e é certamente a janela que pode ajudar a recuperar o significado da curiosidade a quem a perdeu.

Há pouco tempo, plantamos tomates e morangos no nosso pequeno jardim. As plantas em questão tinham dezenas de flores promissoras. Com as crianças, escolhemos um lugar que tivesse luz e sombra, preparamos a terra, enterramos as raízes, regamos. No dia seguinte, meu filho de quatro anos veio correndo até mim e me disse com a voz grave:

– Mamãe, não deu certo, não há tomates, não há morangos.

– Os tomates crescem pouco a pouco – expliquei-lhe.

Educar na
curiosidade

– Como eu?

– Sim, como você – disse-lhe.

– Isso vai demorar muito, mamãe.

– Não muito, é preciso ser paciente, querido.

Me respondeu com um sorriso de cumplicidade.

As crianças estão acostumadas a ter tudo antes de desejar e sem esforço. Hoje em dia, acredito que a única coisa que elas veem acontecer no prazo natural – porque é uma das poucas coisas cujo processo não conseguimos acelerar – é uma gravidez. Precisam mais do que nunca surpreender-se pacientemente olhando como se arrasta um caracol, observando como uma flor cresce, como uma gota de chuva escorrega pelo corpo de uma centopeia peluda, vendo aparecer um broto, regando as plantas, colhendo os cogumelos com gratidão e dando de comer aos pássaros. As crianças devem aprender a levantar o olhar para o céu de vez em quando, como fazíamos quando nos deitávamos na grama que nos "pinicava" e nos fazia cócegas atrás das pernas e das orelhas e imaginávamos que as nuvens tinham forma de dinossauros e coelhos. As crianças devem voltar ao bosque que frequentávamos quando éramos pequenos, subir nas árvores e esconder-se atrás das samambaias. Devemos encontrar esses espaços abertos da natureza nos quais as crianças possam correr, pular, descobrir e imaginar. Não somente nos dias de sol, também nos dias de chuva, em que o cheiro, as cores, a vegetação e os habitantes do ecossistema que se deixam ver são outros.

Talvez não tenhamos pensado nisso porque achávamos que não é seguro, porque nos dá medo que caiam de uma árvore, porque sujarão a roupa nova, porque talvez se espetarão nos arbustos, porque pensamos que o contato com as flores desencadeará nelas uma reação alérgica ou porque acreditamos que um passeio na chuva lhes provocará um resfriado... É curioso, às vezes parece que a natureza causa medo aos pais. E esse medo é transmitido às crianças. Por exemplo, por que as crianças de hoje em dia começam a correr, assustadas, quando nelas cai uma gota? Por que têm medo da umidade e do frio? Porque existe uma falsa crença popular de que as crianças pegam resfriados e gripes quando, no inverno, estão do lado de fora. "É mais fácil desintegrar um átomo do que um preconceito", dizia Einstein. A Academia Americana de Pediatria (AAP) nos diz claramente que o frio nunca é a causa do resfriado ou de uma gripe, apesar da crença popular que nos faz pensar o contrário. De fato, nos diz a AAP que, se os resfriados e as gripes são mais comuns no inverno, é porque as crianças não saem das salas de aula, nas quais não há circulação de ar e estão em contato entre elas, o que favorece a transmissão do vírus[50].

De modo que, para lutar contra o resfriado e a gripe – e também ter crianças mais resistentes à frustração e à dificuldade

---

50 American Academy of Pediatrics. Winter Safety Tips, 1/2, *Safekids* 11/115.

Educar na
curiosidade

—, teríamos que deixá-las correr ao ar livre pisando nas poças com suas botas de chuva – bem agasalhados, é claro, com um bom suéter ou dois e uma capa de chuva. Isso costuma acontecer na maioria dos países nórdicos, nos quais as crianças saem no quintal a -20 ºC... A boa notícia é que se trata de um plano excelente para os dias chuvosos, nos quais pensávamos que não havia outra alternativa senão colocar as crianças diante de uma tela, trancadas em casa ou na sala de aula, como leões enjaulados.

As crianças possuem uma afinidade natural com a natureza. Possivelmente porque sejam pequenas como a grande maioria das maravilhas que a natureza nos oferece, como lembra Raquel Carson: "Muitas crianças, talvez porque elas mesmas sejam pequenas e estejam mais próximas do chão do que nós, percebem e desfrutam as coisas pequenas que passam despercebidas. Talvez por isso seja fácil compartilhar com elas a beleza que costumamos perder de vista porque olhamos depressa demais, vendo o todo e não as partes. Algumas das mais belas obras da natureza estão em escala de miniatura, como bem sabe alguém que tenha visto um floco de neve com uma lupa."

> Esta faz que sejam capazes de manter a atenção durante horas olhando as plantas, os insetos e brincando com barro e água. Estudos recentes demonstram que a brincadeira em ambientes naturais reduz os sintomas de déficit de atenção em algumas crianças.

A natureza permite que nossos filhos se encontrem com a realidade em seu estado puro, ensina-lhes que as coisas não são imediatas e que o que é bom e o que é belo levam seu tempo. Isso favorece a capacidade de controlar sua impulsividade e que se tornem fortes, pacientes e capazes de aguentar com menos agora para ter mais depois..., uma qualidade que, sem dúvida, é escassa hoje em dia nas crianças e nos jovens.

A natureza é também a primeira escola para que nossos filhos aprendam as leis naturais do nosso mundo. Woodie Flowers, professor no âmbito da inovação no prestigiado Instituto de Tecnologia de Massachussets, em Boston, e mundialmente reconhecido pela sua contribuição à humanização do afazer tecnológico, diz que os robôs obedecem exatamente às regras da mãe natureza e que, quando um robô falha, é porque quem o construiu não levou em consideração essas leis. Afirma que a natureza age como um juiz objetivo, proporcionando-nos a retroalimentação necessária que nos permite acertar no afazer tecnológico. E acrescenta que os alunos que consideram a natureza um juiz objetivo desenvolvem uma autoestima fundamentada na verdade da natureza, o que ele chama autoestima "robusta"[51].

Antonio Gaudí, o genial arquiteto do templo da Sagrada Família de Barcelona, considerava a natureza como sua mestra: "Esta árvore próxima de minha oficina, esta é minha mestra". Sabemos que Gaudí encontrava sua inspiração na Beleza do Divino, era um homem profundamente espiritual.

---

51 Flowers, W. *Ceremonia Investidura Grado Honoris Causa*. Discurso apresentado na Universidade Andrés Bello, em Santiago de Chile, em 23 de outubro de 2007.

Educar na
curiosidade

Mas através de qual experiência vital pode um homem desenvolver tal gênio para empreender e levar a cabo uma obra tão magnífica? No Museu de Gaudí, podemos encontrar-nos com a seguinte resposta: "Antonio Gaudí [...] de pequeno teve uma saúde muito frágil e seus ataques contínuos de reumatismo o afastaram das brincadeiras infantis e retardaram seu ingresso na escola primária. Sua mãe passava muitas horas com ele e o distraía com passeios pelo campo e observando a natureza. Recordando sua infância, Gaudí, já adulto, escreveu: 'Com os vasos de flores, rodeado de vinhas e oliveiras, animado pelo cacarejar do galinheiro, o pio dos pássaros e o zumbido dos insetos e com as montanhas de Prades ao fundo, captei as mais puras e prazerosas imagens da Natureza, essa Natureza que sempre é minha mestra'".

    A natureza foi a primeira janela de curiosidade de Gaudí e foi inspiração para sua obra-prima. Gaudí soube como levar a Beleza do divino às ruas e elevar os espíritos de milhares de pessoas ao Céu, através da maravilha da Beleza da natureza. Gaudí não entrou em uma creche com quatro meses, não tinha brinquedos que falavam nem ia a cursos de matemática duas vezes por semana, nem via Baby Einstein. Teve uma infância contemplativa em companhia de sua mãe, de seu melhor amigo, o silêncio, e instruído por sua mestra a natureza.

    Dessa maneira, a natureza tem um papel mais importante no processo de aprendizagem dos nossos filhos do que podemos imaginar...

9.
O respeito pelos ritmos

"Pare o mundo que eu quero descer."
GROUCHO MARX

"Era um vendedor de pílulas aperfeiçoadas que aplacavam a sede. Toma-se uma por semana e não é mais preciso beber.
– Por que vendes isso?, perguntou o principezinho.
– É uma grande economia de tempo, disse o vendedor. Os peritos calcularam – A gente ganha cinquenta e três minutos por semana.
– E que se faz, então, com os cinqüenta e três minutos?
– O que a gente quiser...
'Eu, pensou o principezinho, se tivesse cinquenta e três minutos para gastar, iria caminhando passo a passo, mãos no bolso, na direção de uma fonte...'"
ANTOINE DE SAINT-EXUPÉRY, *O Pequeno Príncipe*

Do nosso ponto de vista, as crianças são lentas. Lentas como os caracóis. Lentas para vestir-se, lentas para obedecer, lentas para compreender – "Quantas vezes eu te disse...!" –, lentas para comer, lentas para caminhar. Tão lentas...

Educar na
curiosidade

— Mamãe, quando eu estava no carro, onde tinha que estar? — pergunta Elisa, de quatro anos, para sua mãe.

— O que você quer dizer, Elisa?

— Porque, quando chegamos em casa de tarde, você me disse que eu teria que estar fazendo meus deveres. Quando estou fazendo meus deveres, você me diz que eu teria que estar no banho. Quando saio do banho, você me diz que eu teria que estar jantando. Quando estou jantando, você me diz que eu teria que estar na cama. Então, quando eu estava no carro, onde tinha que estar?

A rapidez e a lentidão são conceitos muito subjetivos... Lentas comparadas com o quê? Achamos que as crianças são lentas porque comparamos o ritmo delas com o nosso. Porque temos a tendência de viver no "depois", passamos a vida inteira correndo atrás de uma meta sem saber muito bem para onde realmente vamos... enquanto elas vivem e aproveitam o momento presente.

— Que droga! Estamos praticamente parados, não posso acreditar — dizia o papai angustiado ao se deparar em uma fila de vários quilômetros no caminho para um luxuoso hotel de cinco estrelas onde iriam passar o fim de semana, com piscina, quadra de tênis, pingue-pongue, paisagens, bom atendimento e gastronomia excepcional.

— O que é isso? — pergunta Pablo apontando da janela do carro para um imenso campo de papoulas.

— São papoulas.

— E isso? — pergunta novamente Pablo.

— É trigo, diz o pai, que não podia esconder sua profunda desilusão com a situação.

No caminho de volta para casa, o pai perguntou aos seus filhos do que mais tinham gostado do fim de semana: se da piscina, do pingue-pongue, da praia, das paisagens, do hotel...

— Do trigo e das papoulas — respondeu Pablo.

As crianças vivem no presente com uma intensidade impressionante. Não vivem para cumprir obrigações, não pensam em horários ou lista de afazeres. Não sentem falta do passado, não entendem o conceito de economia de tempo e não vivem de "tomaras". Aproveitam o momento. De fato, Heráclito dizia que "o tempo é um jogo que as crianças jogam maravilhosamente". Sem saber, entendem perfeitamente o que diz Carlos Andreu, autor e conferencista que nos fala da felicidade: "A felicidade nunca está no quando. Está no enquanto".

Hoje em dia, parece que nossas vidas agitadas são levadas pelas águas de um rio cujo destino desconhecemos. É como se tentássemos estar sempre em movimento. Por sua vez, as crianças possuem o segredo da felicidade: viver com intensidade e curiosidade cada momento do presente.

Se nos colocássemos no lugar de uma criança de quatro anos, o que observaríamos seria o seguinte:

> Meu pai mexe no meu ombro enquanto estou dormindo profundamente e ainda está muito escuro lá fora. Gostaria de aconchegar-me nos seus braços enquanto desperto suavemente

Educar na
curiosidade

como faço aos domingos na casa da vovó depois do cochilo da tarde, mas não é possível. Me tira da cama e já começa a me vestir com muita rapidez, repetindo sem parar: "Você tem que ser mais autônomo". Não sei o que quer dizer "autônomo". Depois, tomo café com meu irmão menor e é curioso como os meus pais se interessam tanto com a brincadeira "vamos ver quem acaba primeiro". Brinco porque vejo que ficam felizes. Enquanto brincamos, vejo que queimam os lábios com o café e se engasgam com a torrada olhando para o relógio frequentemente. Carregam-nos e nos colocam no carro porque, se caminharmos, "não vai dar tempo". Levam-nos para nossas aulas correndo, às vezes porque "chegarei tarde ao trabalho", outras porque "estou estacionado em uma fila dupla". Não sei o que quer dizer "fila dupla". Para cada passo que meu pai dá, tenho que dar três porque tenho as pernas mais curtas. Uma vez disse aos meus pais no carro no caminho do colégio que tinha feito xixi e eles se aborreceram muito. Não sei por quê. É ruim fazer xixi? Mas o pior aconteceu no dia em que a minha mãe percebeu que eu estava com febre antes de me colocar no carro. Meus pais colocaram as mãos na cabeça e houve um momento de silêncio bastante demorado. Me deram remédio e me levaram ao colégio. Na metade da manhã, meu professor ligou para a minha mãe, minha tia foi me buscar e me deixou na casa da minha avó. Então fiquei muito contente, porque minha avó cuidou de mim.

"As crianças devem ser muito indulgentes com as pessoas grandes", dizia o Pequeno Príncipe... As crianças têm seus ritmos: biológicos – de sono, de comer... –, intelectuais – para aprender, para entender... –, afetivos – precisam de colo, querem ser escutados, vistos com compaixão, com carinho...

Seus ritmos não são os nossos, logicamente. E, quando queremos satisfazer alguma das suas necessidades, talvez elas não precisem disso naquele exato momento. Por isso, não é suficiente apenas a qualidade da intervenção que se realiza pontualmente, também devemos estar "disponíveis" para resolver as necessidades básicas da criança quando "surjam". Os adultos devem redescobrir a sensibilidade que nos outorgou a natureza e que fomos apagando pelas circunstâncias de uma vida acelerada e às vezes histérica, para aprender a harmonizar nossas intervenções com os ritmos da criança, de tal maneira que esta possa perceber o sentido das consequências dos seus próprios atos. É verdade que a criança precisa que lhe coloquemos limites e guiemos o seu desenvolvimento, mas, antes de exigir, temos que satisfazer suas necessidades básicas.

A criança tem um relógio interno, e ela mesma – não o que ela pede, e sim o que pede a sua natureza – é a medida do que ela precisa. Não os nossos horários. Por exemplo, detectar a hora que a criança fica com sono de noite e colocá-la para dormir sempre nessa hora, certificando-se de que dorme o número de horas necessárias para poder acordar descansada, é fundamental para sua saúde mental e física[52].

---

[52] Segundo a National Sleep Foundation (Fundação Nacional do Sono) dos Estados Unidos (http://www.sleepfoundation.org), as crianças precisam dormir em função da sua idade as seguintes horas durante um período de 24 horas:
0-2 meses: 10,5-18 horas
3-11 meses: 9-12 horas durante a noite (mais 0,5-2 horas de cochilo de 1-4 vezes ao dia)
1-3 anos: 12-14 horas (incluindo um cochilo de 1-3 horas)
5-12 anos: 10-11 horas.

Educar na
curiosidade

Estudos recentes associam a falta de sono nas crianças com a hiperatividade, falta de flexibilidade mental, dificuldade de controlar a impulsividade, problemas de comportamento e uma redução das habilidades cognitivas, além de dificuldades para administrar suas emoções e adaptar-se a certos contextos[53]. Também sabemos que o sono é necessário para a consolidação da aprendizagem que temos ao longo do dia.

É necessário considerar que o momento em que a criança está na cama e aquele em que pega no sono podem ser diferentes, principalmente nos casos em que devem administrar demandas escolares e extraescolares exigentes. Vários estudos associam o hábito de estar diante de uma tela – internet, televisão... – com o fato de ter dificuldades para conciliar o sono e com os transtornos do sono, motivo pelo qual a Academia Americana de Pediatria recomenda aos pais tirar a televisão do quarto dos seus filhos, reduzir o

---

53 Touchette, E.; Côté, S.; Petit, D.; Xuecheng, L.; Boivin, M.; Falissard, B.; Tremblay, R.; Montplaisir, J. Y. Short Nighttime Sleep-Durationand Hyperactivity Trajectories in Early Childhood. *Pediatrics*, v. 124, n. 5, p. 985-993, 2009; Bernier, A.; Carlson, S. M.; Bordeleau, B.; Carrier, J. Relations Between Physiological and Cognitive Regulatory Systems: Infant Sleep Regulation and Subsequent Executive Functioning. *Child Development*, v. 81, n. 6, p. 1739-1752, 2010; Ednick, M.; Cohen, A. P.; McPhail, G. L.; Beebe, D.; Simakajornboon, N.; Amin, R. S. A review of the effects of sleep during the first year of life on cognitive, psychomotor, and temperament development, *Sleep*, v. 1, n. 32, p. 1449-1458, 2009; Beebe, D. W. Cognitive, behavioral, and functional consequences of inadequate sleep in children and adolescents. *Pediatr. Clin. North Am.*, n. 58, p. 649-665, 2011; Berger, R. H.; Miller, A. L.; Seifer, R.; Cares, S. R.; Lebourgeois, M. K. Acute sleep restriction effects on emotion responses in 30- to 36-month-old children. *J. Sleep Res.*, v. 21, n. 3, p. 235-246, 2011, publicado *on-line* antes de sua versão em papel em 11 de outubro de 2011.

tempo de uso de qualquer tipo de tela, garantir a qualidade dos conteúdos – informativos, educativos e sem violência – e vê-los com as crianças[54].

Nossos filhos precisam dormir a quantidade de horas que pede a sua natureza, não a quantidade que nós dormimos. Nossos filhos precisam de uma dieta equilibrada. Os pediatras não se cansam de repetir isso. Precisam de uma papinha sem sal, uma fruta sem açúcar, menos bolos industrializados, menos guloseimas e nada de cafeína. A cafeína é a única droga que as crianças pequenas podem tomar sem prescrição médica e, infelizmente, encontramos bebidas de cola ao seu alcance na grande maioria dos aniversários e nas geladeiras de muitas casas. Às vezes cedemos por falta de tempo. Educar os nossos filhos sobre a necessidade de uma boa dieta requer tempo e um esforço adicional.

Cuidar dos ritmos e das necessidades básicas dos nossos filhos é fundamental para conseguir um bom desenvolvimento. Mais de uma década de pesquisa sobre o *apego* confirma que a criança que percebeu que as suas necessidades básicas foram atendidas nos seus primeiros anos de vida (afetivas, fisiológicas etc.) terá uma afetividade mais organizada, será mais segura de si mesma e terá mais facilidade para assimilar de forma mais harmônica os conhecimentos. A criança que foi cuidada adequadamente recebe a mensagem "valho a

---

54 American Academy of Pediatrics. Children, Adolescents, and Television. *Pediatrics*, v. 107, n. 2, p. 423-426, 2001.

Educar na
curiosidade

pena", o que repercutirá positivamente na sua autoestima, porque dizemos a ela indiretamente que é competente.

Respeitar os ritmos das crianças também é respeitar as etapas do desenvolvimento delas sem adiantá-las. Precisam que respeitemos suas etapas cognitivas, afetivas, que protejamos a sua inocência sem ceder à tentação de uma redução de tempo da sua infância. É o que contemplaremos no próximo capítulo.

10.
A hipereducação: a geração *Baby Einstein*

"Quando os limites se transformam em apitos."

CARL HONORÉ, *Bajo presión*

"Os anos da infância são o tempo para preparar a terra. Uma vez que surgiram as emoções, o sentido da beleza, o entusiasmo pelo novo e pelo desconhecido, a sensação de simpatia, compaixão, admiração ou amor, desejamos então o conhecimento sobre o objeto de nossa comoção. Uma vez encontrado, seu significado é duradouro. É mais importante preparar o caminho da criança que deseja conhecer que dar-lhe um monte de dados que ainda não está preparada para assimilar."

RACHEL CARSON, *El sentido del asombro* (1956)

Educar na curiosidade é incompatível com a hipereducação. A hipereducação é a obsessão em adiantar as etapas cognitivas e afetivas da criança para que seja uma "supercriança". Consiste em transformar os limites da vida da criança em uma autêntica corrida de revezamento.

Outro dia, convidaram meu filho para uma festa de aniversário de um colega da sua classe. Não pude acreditar. Os pais tinham

Educar na
curiosidade

contratado um catedrático para realizar experiências de química para crianças de oito anos. Já se vê que o palhaço saiu de moda...

Até onde estamos dispostos a chegar para que nossos filhos se valorizem profissionalmente? Quantos pais caíram na perigosa armadilha da tentação de poder ter o último Einstein ou o último Messi em casa? Atividades extraescolares, Kumon, piano, chinês, tênis... Algumas crianças já começam, a partir do momento em que podem levantar a cabeça em uma cadeirinha, a ver *Baby Einstein*™, uma série de desenhos infantis dos mais hipnóticos, que obteve fama internacional porque supostamente "beneficiava o desenvolvimento da criança". Quando foi pedido ao *Baby Einstein*™ que fizesse o teste do mérito educativo, não pôde fazê-lo. Mais que isso, quando um grupo ameaçou processar *Baby Einstein*™, baseando-se em alguns estudos que relacionam a exposição precoce dos bebês à televisão com potenciais efeitos negativos, se retratou e devolveu o dinheiro a todos os pais que estavam descontentes. Apesar de tudo isso, continuamos encontrando *Baby Einstein*™ em muitos jardins de infância que pretendem usá-lo com fins educativos.

Com mais estímulos e quanto antes, não são obtidos melhores resultados. A maioria dos especialistas concorda que aos seis anos começa o momento em que a criança tem a maturidade intelectual necessária para iniciar a aprendizagem formal – ler, escrever etc. Quando adiantamos etapas que não correspondem, colocamos as crianças em uma situação de frustração que poderia repercutir na sua autoestima e criar uma espiral de fracasso capaz de afetar o desenvolvimento futuro da aprendizagem. Por exemplo, na Espanha dedica-se quatro vezes mais tempo aos deveres que na Finlândia. Dedicam-se 26% de horas a mais à docência. Na Catalunha, 98% das crianças estão escolarizadas com três anos em período integral, enquanto na Finlândia só 53% delas vão ao jardim de infância em período integral com seis anos. Na Espanha, começam a aprender a ler e a escrever com três anos, enquanto na Finlândia começam com sete anos. No último relatório Pisa, a Finlândia estava no topo, enquanto a Espanha estava no final. A maioria dos países que encabeçam anualmente o relatório Pisa são países em que as crianças são escolarizadas mais tarde e começam a aprender a ler e a escrever a partir dos seis ou sete anos. A Espanha é o terceiro país do mundo no qual se prescrevem mais receitas de psicofármacos para menores. Com mais estímulos, não conseguiremos melhores resultados.

A infância é uma época de preparação, na qual brincando se aprende a pensar, e a cabeça se estrutura. Depois vamos equipá-la. Por isso, os pais não devem ficar nervosos porque seus filhos não escrevem seu nome com três anos e não leem com quatro anos. O próprio Einstein, que não começou a aprender a ler nem escrever antes dos oito anos, tinha isso muito claro. Em algum momento, Thomas Edson perguntou a Einstein sobre a velocidade do som, e Einstein respondeu:

> Não sei, tento não preencher minha memória com dados que posso encontrar em qualquer manual, já que o grande valor da

Educar na *curiosidade*

educação não consiste em abarrotar-se de dados, mas sim em preparar o cérebro para pensar por conta própria, para desta maneira vir a conhecer algo que não esteja nos livros.

No entanto, continuamos encontrando-nos com o paradigma de que temos que bombardear a criança com estímulos desde que nasce para que seja genial.

"Sua filha tem que melhorar nos desenhos – dizia a professora a um dos pais –; com quatro anos, já não deveria desenhar personagens que voam, estes deveriam estar no chão." Os pais não sabiam o que pensar, porque não viam isso como um problema...

Não sei o que teria acontecido com a arte espanhola se os pais de Picasso ou de Dalí tivessem se empenhado em considerar o curioso pensamento daquela boa e bem-intencionada professora.

A obsessão pelo alto rendimento dos nossos pequenos faz com que no âmbito escolar infantil fragmentemos a realidade em uma idade em que a criança ainda não está preparada para entender isso, fazendo desfilar diante dela, durante o dia inteiro, os especialistas de várias matérias – música, idiomas, matemática etc. Sobre esse tema, o pedagogo García Hoz dizia:

As divisões do programa se opõem também à unidade da vida infantil. O que predomina no espírito da criança constitui para ela o universo inteiro: não acontece nele uma distinção constante, não existem ainda as classificações científicas, os sistemas elaborados pelos adultos podem não interessá-la. O mundo próprio da criança tem a unidade e a plenitude da sua própria vida, enquanto as diversas matérias de estudo dividem e fracionam esse mundo[55].

Enquanto as crianças tiverem a cabeça e a agenda ocupadas com atividades extraescolares, com um monte de deveres e com metas de todos os tipos, não terão tempo para pensar no que realmente lhes corresponde nessa etapa tão preciosa da infância: estar com as pessoas queridas, brincar, imaginar, descobrir por si mesmas, sem pressa. Precisam desenhar personagens que voam, correr pelo campo com seus irmãos caçando borboletas e flores silvestres, imaginar aventuras rocambolescas e viagens secretas. A última coisa de que uma criança do jardim de infância precisa é passar o mês de julho sentada na cozinha da sua casa com seu professor particular para preencher o "caderno de férias", marcando as alternativas corretas, em vez de pensar à margem delas.

A pressa para adiantar etapas também acontece no âmbito afetivo. Quando os pais têm medo de que seus filhos fiquem para trás na sua maturidade, todas as técnicas de hipereducação, incluindo as mais rocambolescas, valem para acelerar a passagem da infância para a idade adulta.

---

55 Vide nota 37.

Educar na
curiosidade

Há pouco tempo me contaram que um jardim da infância havia levado seus pequenos ao "museu do medo". O objetivo? Provocar neles um medo "controlado" para acelerar o processo de maturidade psicológica. Veio ao jardim da infância um psicólogo, contratado para conhecer os pais reticentes. E depois, adiante com a atividade! Não sei como acaba a história, quantas crianças choraram e quantas não, quantas tiveram pesadelos e quantas não e qual foi a porcentagem média de aumento da maturidade obtida.

Não podemos nos esquecer de que a infância é um passo prévio para a idade adulta e deve ser vivida plenamente para que o processo se realize de forma harmoniosa. Romano Guardini advertia sobre as consequências de adiantar etapas: "Pode acontecer que uma fase (da vida) se amolde tanto à seguinte que não possa desenvolver a sua natureza própria". Uma infância mal vivida pode dificultar a passagem para a vida adulta, como também explica o doutor Dan Kiley, autor do livro *Síndrome de Peter Pan: homens que nunca crescem*. Segundo Kiley, a síndrome de Peter Pan tem como origem a dificuldade de se passar da infância para a idade adulta e a principal causa reside no fato de que a criança não viveu bem a sua infância. Michael Jackson era um exemplo claro disso: tiraram sua infância obrigando-o a cantar com os Jackson Five com cinco anos, nunca quis crescer e acabou sua vida no seu rancho, ao qual, não por acaso, batizou de "Terra do Nunca".

11.
A redução da infância

"Que bonito você ficou com este corte, cara. Vai paquerar um montão."

Nossa ex-cabeleireira infantil ao meu filho de quatro anos

"Nesta amálgama de uniformidade na qual nos empenhamos em usar calçadeira com as crianças, de forçar a igualdade entre filhos e pais apagando fronteiras entre as gerações, menosprezando as atividades lúdicas espontâneas, obstinados a programar escravizando o tempo de ócio, com este afã de suprimir os brotos de criatividade e genialidade dos filhos e alunos... estamos matando a criança. Talvez não percebamos, mas agora, com urgência, é o momento de refletir e procurar soluções para esse massacre impune."

PAULINO CASTELLS, psiquiatra infantil em
Hemos matado al niño"

A infância deve ser vivida no seu tempo, com tudo de maravilhoso que essa etapa possui: a imaginação, a brincadeira, o significado do mistério, a inocência etc. Pular as etapas da infância é menosprezar o mecanismo com o qual a natureza conta para garantir um bom desenvolvimento da personalidade. A infância é como a catapora. Se não a pegamos quando pequenos, quando adultos é mais grave, porque se manifesta em uma doença que se chama "infantilismo", atitude adulta que se reflete no seguinte caso:

> Outro dia, vi um pai ensinando ao seu filho as diferentes marcas de carro que havia em um estacionamento. "Esse é um Seat, querido. Esse é um Volkswagen e é melhor. Esse é um Audi, é melhor que um Volkswagen. E essa é uma BMW, é melhor que um Volkswagen. Depois vem a Ferrari, mas aqui não tem, já vou te mostrar." Não pude acreditar. Que infantilidade por parte do pai...
>
> Há pouco tempo, meu filho de seis anos participou, na aula, da brincadeira de dizer marcas de carros. Quem não sabia era eliminado. Quem sabia mais ganhava.

Quantas categorias de coisas mais saudáveis e mais interessantes há no mundo para realizar esse jogo? "Ser eliminado" diante de outras vinte crianças por não conhecer as marcas dos carros com seis anos, além de ser de pouco calibre educativo, introduz no ambiente escolar uma nova realidade: o *brandy bullying* ("assédio das marcas"), cada vez mais presente nos colégios. As crianças passam horas e horas comparando o que têm com o que os outros têm, desde os tênis até os aparelhos eletrônicos, as meias... Esses círculos viciosos fomentam o "marquismo" e introduzem no mundo da criança uma realidade que não pertence, nem deve pertencer, ao seu mundo interior.

Mas sempre tivemos a tendência de adiantar as etapas da criança? Não. Vejamos, por exemplo, como se abordava e como se aborda agora o tema da Fada dos Dentes. Ultimamente se multiplicam conselhos como este:

> Quando a criança chegar à idade da razão, seus pais deveriam tomar a iniciativa de dizer que não existe a Fada dos Dentes, nem os Reis Magos, e todas essas coisas. Pode ser que fiquem sabendo por outros, e então os pais terão perdido toda a credibilidade.

Os pais ficam perplexos diante dessa ideia, mas costumam aceitá-la, já que a ameaça da perda da credibilidade aterroriza, com razão.

Assistimos ao fenômeno que alguns chamam de "redução da infância". Frustrar a imaginação da criança matando suas ilusões e diminuindo assim a infância, essa etapa sagrada, é um fenômeno recente. Antes não era assim. E, se alguém tiver alguma dúvida, pode consultar a média de idade em que caem os dentes de leite e chegará à conclusão de que, se a Fada dos Dentes só passa antes da idade da razão (sete anos), recolherá no máximo três dentes: o incisivo central superior, o inferior e o incisivo lateral inferior. Três dentes, dos dezesseis dentes de leite. Um triste negócio para a Fada dos Dentes, talvez o princípio da sua extinção. Se não da Fada, da tradição.

A perda da credibilidade dos pais diante de um filho de sete anos é um argumento muito triste. A relação de confiança

Educar na
curiosidade

entre pai e filho está fundamentada no vínculo de confiança que existe entre ambos, não em ter "dedurado" um segredo. De fato, a criança cujo amiguinho lhe "dedurou" o segredo no colégio chegará em casa correndo para perguntar aos seus pais "se é verdade". Sempre confirma com os pais, porque neles tem fé, não no amigo. Seus pais lhe explicarão a verdade com delicadeza, facilitando a passagem da criança para o outro lado do mistério, pedindo que a criança assuma o papel de manter o segredo para os seus irmãozinhos e os amigos que não sabem. A fé que tem em seus pais é superior à que tem na Fada dos Dentes. A criança não tem fé na Fada, tem fé nos seus pais.

Cada criança tem um processo de amadurecimento diferente e não há uma regra fixa sobre a idade. Quando a criança está convencida do mistério e os pais lhe dizem que tudo isso não existe, é como se furassem um dirigível em pleno voo. Queda livre... Por outro lado, chega um momento em que a criança por si só percebe que nem os Correios têm os recursos suficientes para distribuir tantos presentes em tantas casas na noite de Reis. E os pais, se notam que a criança se aproxima desse momento e sofre nas suas tentativas de reconciliar razão e mistério, sempre poderão proporcionar uma aterrissagem suave, explicando que eles são como ajudantes dos Reis, recordando aquele momento tão bonito em que estes presenteavam o Menino Jesus em Belém, há muuuitos anos. Mas não há dúvidas de que a melhor preparação para esse delicado momento é esperar que ele chegue.

Einstein dizia: "A mente intuitiva é um presente sagrado e a mente racional é um servo fiel. Criamos uma sociedade que honra o servo e que esqueceu o presente". Matar a imaginação, a curiosidade e a criatividade de uma criança para inculcar nela o quanto antes e contra a sua natureza uma atitude razoável é típico de uma sociedade fria, cínica e calculadora. Todo o contrário da curiosidade, é claro.

Fazemos as crianças na nossa medida. Mas por quê? Por um lado, as imagens do mundo do marketing que chegam até as crianças e os pais são cada vez mais contundentes. A criança é um adulto pequenino. Os meninos aparecem nas capas das revistas, nos anúncios, nas séries, com ar de aborrecimento e cinismo. As meninas fazem poses sensuais cujo significado ainda não entendem e usam roupas que não correspondem à sua idade. Inclusive às vezes parece que estão transformando-se em objetos do desejo: a criança troféu. Por outro lado, a pressão do mundo competitivo e exigente e o desejo inato que possuem todos os pais de querer o sucesso dos seus filhos os levam a querer inculcar neles, o quanto antes, uma série de comportamentos e conhecimentos sem perceber necessariamente que não correspondem ao processo de maturidade e à ordem interior da criança. Definitivamente, hoje em dia existe um afã inexplicável em queimar etapas para que a criança demonstre características próprias do mundo adulto. Na maneira de se vestir, de comer, na forma como se entretém, como fala, como caminha. Expulsamos a criança do jardim de infância. Nós a transformamos antes

Educar na
curiosidade

do tempo em um pequeno adulto. Perdemos o pudor em nossas condutas e conversas na presença dela, deixamos que veja o que não deve, tiramos seu medo do que é espantoso, a aversão pelo que é violento e transmitimos uma virilidade e uma exigência mal-entendidas. A criança não é um adulto pequeno e imaturo. Até que deixe de ser criança, é e será isto: uma criança.

12.
O silêncio

"Sem silêncio não é possível apreciar realmente a vida, cujas fibras mais sutis são tão delicadas como um botão de rosa."

DEEPAK CHOPRA

"São precisos dois anos para aprender a falar e sessenta para aprender a calar".

ERNEST HEMINGWAY

A neurociência nos diz que, quando realizamos várias tarefas ao mesmo tempo, não focamos em todas elas de forma paralela, e sim oscilamos rapidamente entre uma e outra. Essa é a principal razão pela qual está proibido o uso do celular enquanto dirigimos, por exemplo. Também explica por que alguns estudos demonstraram que a televisão ligada de maneira contínua em uma sala pode interromper a brincadeira das crianças que se encontram ali entretidas com os seus brinquedos[56] ou influenciar negativamente na

---

[56] Schmidt, M. E.; Pempek, T. A.; Kirkorian, H. L.; Lund, A. F.; Anderson, D. R. The effect of background television on the toy play behavior of very young children. *Child Development*, v. 79, n. 4, p. 1137-1151, 2008.

Educar na
curiosidade

qualidade da interação dos pais com seus filhos[57]. Quando recebemos sobrecarga de estímulos de várias fontes, não focamos bem em todas elas, e sim dividimos nossa atenção entre todas. Consequentemente, quando Elisa atende o celular enquanto faz os seus deveres, ouvindo música, diante da tela do computador na qual estão minimizadas diversas janelas que a conectam diretamente às suas redes sociais preferidas e às suas contas de e-mail, não é mais inteligente, e sim tem menos capacidade de concentração para focar em cada uma das atividades que realiza. Na verdade, não realiza nenhuma atividade, e sim recebe passivamente ruídos externos que vai administrando no percurso sem pensar muito.

Como consequência disso, Elisa, como outras adolescentes da sua idade, não somente tem menos capacidade de concentração, como também menos capacidade de aproveitar o momento presente, menos intuição em relação às necessidades dos demais e menos sensibilidade aos estímulos silenciosos ou menos barulhentos, como o sorriso que a sua mãe lhe dá quando passa ao seu lado, um entardecer maravilhoso ou o som de um pássaro pela janela do seu quarto. Elisa vê o que a rodeia, mas não tem olhar. Recebe passivamente a informação, mas

---

[57] Tanimura, M.; Okuma, K.; Kyoshima, K. Television viewing, reduced parental utterance, and delayed speech development in infants and young children. *Arch. Pediatr. Adolesc. Med.*, v. 161, n. 6, p. 618-619, 2007; Mendelsohn, A. L.; Berkule, S. B.; Tomopoulos, S. Infant television and video exposure associated with limited parent-child verbal interactions in low socioeconomic status households. *Arch. Pediatr. Adolesc. Med.*, v. 162, n. 5, p. 411-417, 2008; Christakis, D. A.; Gilkerson, J.; Richards, J. A. *et al.* Audible television and decreced adult words, infant vocalizations, and conversational turns: a population-based study. *Arch. Pediatr. Adolesc. Med.*, v. 162, n. 5, p. 411-417, 2009.

não está ativamente na expectativa dela. O barulho contínuo faz com que não tenha interioridade própria, motivo pelo qual ficar consigo mesma parece algo insuportável, e caminha em busca de barulho e de novas sensações para aliviar essa sensação de vazio. Os acontecimentos, seu ambiente, se apossarão de Elisa. Ela pede à sua professora que a motive porque é espectadora da sua vida, não protagonista dela.

Com tanta estimulação, tanta invasão de barulhos alheios, afogamos a curiosidade, necessária para que a criança e depois o adolescente possam interiorizar os aprendizados, aprofundar os conhecimentos, escutar, acolher, estar atentos às necessidades alheias, olhar nos olhos, pensar nas consequências das suas ações, discernir, ponderar, refletir sobre o sentido do que se faz. Para voltar atrás, essa criança ou esse adolescente deve reencontrar-se com o silêncio. Não será uma tarefa fácil, visto que, para uma pessoa superestimulada, o silêncio ensurdece. Por isso, recomenda-se começar a rodear a criança com espaços de silêncio desde pequena, agindo rapidamente quando vemos que está em ambientes que lhe causam certo aturdimento – espetáculos, música... – porque não respeitam seus ritmos. Definitivamente, é importante rodear a criança de um ambiente que saiba equilibrar o silêncio, palavras, imagens e som. Saberemos fazer isso se nós mesmos, pais e educadores, soubermos, a partir do silêncio, escutar o que a natureza da criança pede em cada momento.

É curioso o fato de que coincide no tempo a extensão da suposta epidemia de TDHA com o bombardeio de ba-

EDUCAR NA
curiosidade

rulhos provenientes das novas tecnologias e a multiplicação exponencial da informação que chega para nós através delas. Por exemplo, dizem que hoje, a cada dois dias, é gerada a mesma quantidade de informação que a humanidade havia gerado em cinco mil anos antes da introdução das novas tecnologias. No entanto, constatamos que, apesar da maior acessibilidade de tanta informação, as crianças não aprendem no ritmo esperado. Romano Guardini já advertia: "O saber, a posse e o domínio intelectuais estão aumentando, em uma medida tão incomensurável que abruma literalmente os homens [...], mas se debilita essa profundidade que brota da penetração interior, em olhar e experiência, a compreensão do que é essencial, a percepção pelo conjunto, a experiência, o sentido. Pois tudo isso só é possível obter no enfrentamento interior da contemplação; e isso requer calma, repouso, concentração" (*Obras selectas*, volume I). Claro que o silêncio é uma variável que foi esquecida no processo de aprendizagem. Voltemos à seguinte fórmula de Einstein:

A (sucesso) = X (trabalho) + Y (brincadeira) + **Z (calar a boca)**

O silêncio é uma parte muito importante da aprendizagem e é necessário para a reflexão, uma das qualidades que caracteriza o ser humano. Sem o silêncio, acontece o que dizia Heidegger: "o homem teria negado e jogado fora o que é mais próprio dele, que ele é um ser pensante".

O barulho não somente ensurdece como também cala as perguntas que surgem da curiosidade diante da observação da realidade. Para aprender não é necessário somente receber informações, também é necessário consolidá-las, interiorizá-las. E para isso é preciso ter espaços de silêncio "calando a boca", como bem disse Einstein. "Calar a boca" seria o equivalente, no século XXI, a desligar os dispositivos eletrônicos e as telas.

Existe também uma relação entre o silêncio e a capacidade de obediência dos nossos filhos. A obediência não pode ser reduzida a *fazer o que o outro nos manda porque sim*. Uma vez escutei isso em cursinhos que se intitulavam "Como mandar nos filhos". O título, pelo menos, insinua um foco "de fora para dentro". Para que a criança esteja disposta a obedecer, é necessário reunir duas condições imprescindíveis do ponto de vista da criança: 1) que a pessoa que está pedindo algo a ela o faça com a autoridade fundamentada em um *vínculo de confiança*[58] que tenha sido previamente desenvolvido com uma criança; 2) que a criança *saiba escutar, a partir do silêncio interior*. Quando são reunidas essas duas condições, então podemos exigir. É verdade que podemos "polir" nossa forma de realizar pedidos para a criança, mas essas duas condições são prévias a tudo isso. Por outro lado, se a criança está aturdida e saturada de barulhos, então é incapaz de administrar e talvez de assimilar mais exigências

---

[58] O vínculo de confiança é o mesmo que o vínculo de apego do qual falamos anteriormente.

externas. Qualquer castigo imposto a uma criança que desobedece sem que tenham sido reunidas ambas as condições é contraproducente. A criança recebe isso como uma agressão e responderá de forma impulsiva.

Então, se é tão importante o silêncio, por tudo o que explicamos anteriormente, por que rodeamos os nossos filhos de telas o dia inteiro?

Folheando uma revista sobre as novas tecnologias aplicadas às escolas, encontrei a publicidade dos seguintes produtos para crianças... a partir dos quatro anos:

> Um dos dispositivos mais chamativos que integra o conceito de ActivClassroom é, sem dúvida, a mesa interativa ActivTable [...]. Essa mesa tão especial oferece uma das maiores telas do mercado: nada menos que 46 polegadas [...]. Além disso, é possível trabalhar sobre ela com a ajuda da sua livraria individual, que inclui teclados, navegadores da *web* ou ferramentas de matemática [...]. Outro dos elementos [...] é uma lousa digital interativa ActivBoard 500 Pro, que se destaca por incluir tecnologia multitátil para que os estudantes possam trabalhar de forma simultânea sobre sua superfície. [...] Também está equipada com um sistema de som integrado. ActiveExpression2 é um sistema de resposta para os alunos que permite escrever soluções complexas para as perguntas que o professor fizer. Graças ao teclado QWERTY que está incorporado, podem responder com frases completas, números, símbolos, equações matemáticas, verdadeiro/falso e muito mais. Além disso, sua ampla tela retroiluminada e seu formato similar a um *smartphone* fazem com que seja muito intuitivo e fácil de usar. [...] No caso de ActiveEngage, os estudantes podem contribuir na aula

com seus comentários e responder a perguntas em tempo real dos seus *notebooks*, *tablets* ou dispositivos móveis. O professor mostra uma pergunta na lousa da sala de aula (normalmente uma PDI) por meio do *software* ActiveInspire de Promethean e os alunos respondem clicando com o *mouse* na resposta que consideram correta na tela do seu PC[59].

À parte do investimento em "marketing" que supõe tal arsenal para qualquer colégio, o produto alimenta nos pais a esperança do *Baby Einstein* e a falsa crença de que "quanto antes e mais, melhor", e que seus filhos ficarão para trás se não colocarmos um *mouse* em suas mãos com apenas dois, três ou quatro anos. Nossas crianças são nativos digitais, não imigrantes digitais como nós. Eles não ficarão para trás. Não vão perder nenhum trem, porque o trem das novas tecnologias não se perde. Passa a cada segundo. E, no ritmo em que vão as coisas, cada trem das novas tecnologias que passa se torna obsoleto ao avançar 500 metros. A grande maioria das novas tecnologias que existem quando a criança tem três anos muito provavelmente não existirá quando ela chegar ao ensino fundamental, ao ensino médio ou ao mercado laboral. Por isso, ter apresentado a criança a tudo isso com três anos pode ser considerado uma perda de tempo. Usar aquele primeiro Motorola tamanho "tijolo" não foi um requisito imprescindível para que nós aprendêssemos a usar um Blackberry em um "piscar de olhos"... E navegar na internet

---

59 Promethean presenta la "Clase del Futuro". *Educación 3.0, la revista para el aula del siglo XXI*, n. 6, p. 28, 2012.

dentro de dez anos, se é que ainda se fará da maneira como fazemos agora, elas aprenderão a fazê-lo em meio minuto, quando tiverem a maturidade suficiente para administrar seu tempo de navegação, para filtrar os conteúdos, para entender o conceito de intimidade própria e para organizar a informação fundamentando-se em critérios previamente adquiridos baseados em conhecer o mundo pela primeira vez estando em contato com pessoas reais e encontrando-se com situações reais no mundo real.

De fato, altos diretores de empresas tecnológicas multinacionais estabelecidas no Vale do Silício – lugar conhecido por ser o berço das invenções tecnológicas e o epicentro da economia tecnológica em nível mundial – colocam seus filhos em um colégio de elite que levanta a bandeira de não utilizar tecnologia nas suas aulas[60]. Os pais trabalham no eBay, Google, Apple, Yahoo e Hewlett-Packard. E seus filhos nunca usaram o Google... Escrevem com lápis e papel e seus professores usam a lousa tradicional. Não há nenhuma tela em todo o colégio e este não incentiva o uso em casa. O argumento? O computador impede o pensamento crítico, desumaniza a aprendizagem, a interação humana e diminui o tempo de atenção dos alunos. Um dos pais, o sr. Eagle, formado em tecnologia e pertencente ao departamento de Comunicação executiva do Google, diz:

---

[60] Richtel, Matt. A Silicon Valley school that doesn't compute, *New York Times* (versão digital), 22 de outubro de 2011. Disponível em: <http://www.nytimes.com/2011/10/23/technology/at-waldorf-school-in-silicon-valley--technology-can-wait.html?_r=0>.

Minha filha, que está no quinto ano do ensino fundamental, não sabe como usar o Google, e meu filho, que está no terceiro ano do ensino médio, está começando a aprender. A tecnologia tem o seu tempo e o seu lugar. [...] É superfácil. É como aprender a usar a pasta de dentes. No Google e em todos esses *sites* fazemos a tecnologia tão fácil que qualquer pessoa pode usá-la. Não há razão pela qual as crianças não possam aprender quando forem mais velhas.

Sem tentar demonizar as novas tecnologias – quem fala nestes termos entendeu bem pouco do que está em jogo ao tentar atrasar seu uso na infância –, devemos ser muito cautelosos com tudo aquilo que sufoque a curiosidade, esse impulso que nasce dentro da criança e que a faz questionar-se, interessar-se, imaginar, procurar, averiguar, inventar...definivamente capaz de pensar, o que é próprio dos seres humanos.

Uma atividade que se realiza do silêncio exterior e para o silêncio interior é a leitura, como bem descreve Nicholas Carr no seu conhecido artigo "O Google está transformando-nos em estúpidos? O que a Internet está fazendo com os nossos cérebros":

> No silencioso espaço que inicia a permanente leitura sem distração de um livro, ou por qualquer outro ato de contemplação, fazemos nossas próprias associações, chegamos às nossas próprias inferências e analogias, fomentamos nossas próprias ideias[61].

---

61 Carr, N. Is Google Making Us Stupid? *The Atlantic*, v. 301, n. 6, 2008. Disponível em: <http://www.theatlantic.com/doc/200807/google>. Acesso em: 6 out. 2008.

Educar na
curiosidade

Nossos filhos devem consolidar seus hábitos de leitura antes de deixar-se levar pelo discurso habitual do mundo virtual e pela tela que os faz ficar mudos por fazer tudo no lugar deles. Ler para ter interioridade, capacidade crítica, de reflexão, de contemplação, de curiosidade. Ler... este é o trem no qual devem subir, e não podemos admitir que o percam, porque passa pouco e leva muito longe.

13.
Humanizar a rotina: o mesmo conto pela enésima vez

"– O que é um rito?
É o que faz com que um dia seja diferente dos outros dias; uma hora, das outras horas."

A raposa ao Pequeno Príncipe

A curiosidade dá sentido à rotina

O que é a rotina? A rotina é a repetição de atos úteis, estruturados, às vezes cronometrados e supervisionados. Às vezes é necessária para colocar ordem em um grupo, na família, e outras para dar segurança à criança. Queiramos ou não, a vida consiste em grande parte em uma série de atos repetidos. Todos nos levantamos, nos lavamos, nos vestimos, tomamos café da manhã, vamos até o trabalho, almoçamos, voltamos para casa, jantamos e vamos descansar umas horas, até voltar a repetir a mesma coisa, todo dia.

A rotina não é ruim em si, mas, quando não tem sentido, aliena a criança – e a nós também. Leva a criança a agir de forma mecânica, não se torna consciente do que

Educar na
curiosidade

faz, não vê o sentido, não coloca o coração, afetividade, inteligência e não interioriza o que faz e aprende. Shakespeare falava do costume como "um monstro sutil que reduz a pó até os melhores sentimentos". A rotina com sentido é outra coisa. Vamos chamá-la de *rito*. Quando o Pequeno Príncipe pergunta à raposa o que é um rito, esta lhe responde: "É o que faz com que um dia seja diferente dos outros dias; uma hora, das outras horas".

Por que as crianças ficam satisfeitas em compartilhar a repetição dos atos aparentemente sem transcendência? Cumprimentar o pai pela manhã, de dentro da sala de aula, apoiando o nariz no vidro da mesma forma todos os dias. Que a mamãe seque o seu umbigo fazendo "rin, rin" depois do banho cotidiano. Que a mamãe a ajude a pular do banco do carro, pegando-a pela mão e contando "um, dois e... três!" todos os dias... renovando a mesma ilusão. Que o pai lhe faça cócegas com a barba antes de colocá-la para dormir e depois do conto que escuta pela enésima vez com a mesma ilusão todas as noites. Para a criança, o tempo não passa. É a criança que passeia pela vida.

Concretamente, qual é o elemento diferencial fundamental entre a rotina que aliena a criança e o rito que lhe causa tanta ilusão? O rito é a rotina, só que humanizada.

A criança se encanta porque associa os momentos dos rituais aos seus entes queridos, aos seus companheiros de colégio, aos seus irmãos, à avó... É o que faz a rotina mais humana, dá sentido a ela, e faz com que a criança se encante pelo que faz e que deseje conhecer o que a rodeia.

A raposa explica ao Pequeno Príncipe que os ritos podem transformar a monotonia da vida em ocasião de curiosidade:

> Minha vida é monótona. Eu caço as galinhas e os homens me caçam. Todas as galinhas se parecem e todos os homens se parecem também. E por isso eu me aborreço um pouco. Mas, se tu me cativas, minha vida será como que cheia de sol. Conhecerei um barulho de passos que será diferente dos outros. Os outros passos me fazem entrar debaixo da terra. O teu me chamará para fora da toca, como se fosse música. E depois, olha! Vês, lá longe, os campos de trigo? Eu não como pão. O trigo para mim é inútil. Os campos de trigo não me lembram coisa alguma. E isso é triste. Mas tu tens cabelos cor de ouro. Então será maravilhoso quando me tiveres cativado. O trigo, que é dourado, fará lembrar-me de ti. E eu amarei o barulho do vento no trigo...[62]

A associação da repetição de um ato ou de um evento com a presença de um ser querido é o que humaniza a rotina e a converte em um rito. Raquel Carson dizia que, "para que se possa preservar o sentido da curiosidade inato que tem uma criança [...], precisa da companhia de pelo menos um adulto com quem possa compartilhá-la e com quem possa redescobrir a alegria, a ilusão e o mistério do mundo em que vivemos". Há alguns anos vi em um conhecido jornal uma pesquisa curiosa. Fizeram uma lista das frases mais repetidas nos parques de Barcelona. A mais repetida foi "Olha, ma-

---

62 Saint-Exupéry, A. de. *O Pequeno Príncipe*. Rio de Janeiro: Agir, 2015.

mãe!". Não é de se estranhar, porque as crianças formam o triângulo entre o mundo e a pessoa que gosta delas, e assim aprendem. Se prestarmos atenção nas crianças de seis meses, quando se aproxima um estranho, olham para o estranho, depois para sua mãe, voltam a olhar para o estranho e depois de novo para sua mãe. É como se estivessem pedindo permissão. Depois, mais tarde, quando descobrem algo novo, precisam compartilhar com sua mãe ou com seu pai, mostrando-o para eles. E, mais tarde, não dirão nada ao ver algo novo, mas muito provavelmente darão uma olhada nos olhos da sua mãe, do seu pai ou do seu principal cuidador, porque olham através dos olhos da pessoa que cuida delas. Por exemplo, se prestarmos atenção, quando acontece algo fora do normal, a primeira coisa que as crianças fazem é olhar para nós. Se fizermos cara de susto, irão se assustar. Se fizermos cara de aborrecimento, irão se aborrecer. Se fizermos uma cara de riso, acharão divertido. Esse olhar através dos olhos dos seus progenitores é o modo mais poderoso de que dispomos para educar os nossos filhos. Por isso o olhar que temos diante do mundo que nos rodeia os afeta tanto. As crianças não são dependentes do ambiente, mas estão na expectativa dele, diz Siegel. Também diz que "mais importante que um excesso de estimulação sensorial durante os primeiros anos de desenvolvimento são os padrões da interação entre a criança e o seu cuidador". Segundo um artigo da *Harvard Educational Review*, que se apoia em estudos recentes, a curiosidade da criança desabrocha através da interação social que se estabelece com seu principal cuidador[63]. Algo parecido ao que dizia a Madre Teresa de Calcutá: "Não te preocupes se teus filhos não te escutam, te observam o dia inteiro".

Por isso as crianças não se emocionam com os contos em CD. Talvez os compremos por falta de tempo, mas ficam nas suas caixas. Por isso os estudos demonstram que as crianças não aprendem palavras ou outros idiomas com os DVDs, por mais educativos que sejam, mas detectam benefícios com relação à aprendizagem quando o adulto é o intermediário entre a criança e o conto[64]. Os estudos[65] também falam do *video deficit effect* ("efeito deficitário do DVD"), segundo o qual a criança de até dezoito meses sofrerá um déficit na aprendizagem que realiza através de um DVD, comparado com a aprendizagem que receberia de uma demonstração ao vivo. Por isso é tão importante que o intermediário entre nossos filhos pequenos e o mundo que descobrem seja uma pessoa que goste deles, e *não uma tela*.

---

63 Vide nota 41.
64 Vide notas 18 e 19.
65 Vide nota 20.

14.
O sentido do mistério

"A experiência mais bela e profunda que o homem pode ter é o sentido do que é misterioso."

"O mistério é a coisa mais bonita que podemos experimentar. É a fonte de toda a arte e ciência verdadeiras."

ALBERT EINSTEIN

— Mamãe, como a Fada dos Dentes fica sabendo quando uma criança perde um dente?

— Não sei — responde a mãe, deslocada pela pergunta tão incômoda feita pela sua filha de sete anos. Suponho que as mães devem dizer "não sei".

— Você já falou alguma vez com a Fada, mamãe? — exclama a menina.

— Não, não! Eu nunca.

— E então como a Fada ficou sabendo? — insiste a menina.

— Pode ser que tenha amiguinhos que vivem nas paredes das casas e contam tudo para ela — diz a mãe na segunda tentativa de acabar com essa incômoda conversa.

Educar na
curiosidade

– Há duendes nas paredes de verdade? Não quero dormir sozinha então. Estou com medo, mamãe.

– Não sei, é uma ideia, não faço a menor ideia, de verdade. Inventei isso dos duendes nas paredes, não ligue para isso. Não tenha medo, querida.

– Como a Fada fica sabendo, mamãe? – insiste a menina.

– Sabe o que é? É um mistério! – joga a mãe, desesperada para acabar com a conversa e ir jantar.

– Ah!! Agora entendi!

As crianças assumem naturalmente a existência do mistério. Têm uma tendência natural ao mistério porque é o que mantém vivo o desejo de aprender, de conhecer. O que é o mistério? O mistério não é aquilo que não se entende. É o que nunca acabamos de conhecer. É o inesgotável. Por isso, as crianças ficam fascinadas diante do mistério, porque veem nele uma oportunidade de conhecer infinita. E, como as crianças nascem com curiosidade e a curiosidade é o desejo de conhecer, o mistério as fascina.

Nós, adultos, ao contrário, podemos ficar preguiçosos, preferimos racionalizar tudo, reduzindo o mistério na medida em que temos capacidade de abarcá-lo. A criança não tem essa vantagem porque sabe que é pequena, mas isso não lhe importa. Aproxima-se do mistério com humildade e curiosidade, com dúvidas saudáveis. Alex Rovira dizia que a dúvida é a mala mais valiosa da bagagem dos gênios e a que falta nos fanáticos. A criança não impõe seu julgamento sobre a realidade, e sim se aproxima da realidade com humildade, agradecimento, retidão na intenção e abertura para o mistério. A capacidade de curiosidade da criança faz com que esta seja capaz de descobrir um mundo cada vez maior. O mistério amplia os horizontes da razão e nos ajuda a encontrar sentido na vida. Max Planck, prêmio Nobel de Física, dizia que "o progresso da ciência consiste em descobrir um novo mistério cada vez que se acredita ter esclarecido uma questão fundamental"[66]. Ao contrário, a pessoa que quer racionalizar tudo, até o ponto de excluir o mistério, tem uma visão reduzida do mundo. Chesterton dizia: "O misticismo nos mantém sãos. Enquanto vivemos o mistério, gozamos de boa saúde; se destruímos o mistério, criamos mortalidade. [...] Louca não é uma pessoa que perdeu a razão. Na verdade, louco é quem perdeu todas as coisas menos a razão. Sua mente se move em um círculo perfeito, mais muito estreito".

Por isso, é importante que os adultos tenham cautela para não apagar essa qualidade que consiste na abertura das crianças para o mistério. Isso pode acontecer se enfatizamos demais a explicação racional das coisas; por exemplo, se entramos demais no mecanismo das coisas, adiantando etapas de forma precoce. Detalhando demais a explicação do mecanismo de realidades belas da vida, como pode ser a sexualidade, por

---

66 Plank, M. *Adónde va la ciencia?* Buenos Aires: Losada, 1961.

exemplo, podemos chegar a banalizá-las. Assim, por exemplo, numerosas situações não deveriam ser reveladas para as crianças – a violência, a pornografia –, enquanto outras deveriam ser reveladas pouco a pouco, de acordo com o ritmo de cada etapa da infância – a morte, a sexualidade, o sofrimento... –, deixando espaço suficiente para o mistério.

– Quero ser cremado, mamãe? Está bem?

– Está bem, querido – responde a mãe com orgulho da "grande maturidade" do seu filho de seis anos.

Não podemos reduzir algo tão grande como o mistério da morte a algo tão pequeno como uma caixinha de cinzas. A perda do sentido do mistério também leva à perda da inocência, adiantando etapas que não correspondem.

Jean Guitton, filósofo francês, dizia:

> Há casos em que a verdade aprendida muito cedo por uma criança e mal explicada com respeito a outras verdades se transforma em erro e motivo de escândalo.

Jesus González Requena, catedrático de comunicação, fala do tabu como algo positivo:

> Os tabus não são maus. Mais que isso, é um erro querer suprimi-los. Pensemos na sexualidade: com a sua banalização, o que se acaba causando é a falta de desejo. Não há nada menos

erótico que uma praia de nudismo, porque é algo desvestido do seu caráter simbólico [...] Pensem no papel do tabu na arte: é proibido tocar as obras nos museus. Mas isso, ao mesmo tempo, gera um ritual, uma liturgia e um respeito[67].

Outros se adiantarão se não explicarmos tudo aos nossos filhos? Então estamos diante de um grande dilema. Ou tentamos proteger a criança do que não lhe convém, adaptando seu ambiente àquilo de que precisa, aos seus ritmos, a suas etapas, ou adiantamos etapas o quanto pudermos porque "é inevitável, ficará sabendo mais cedo ou mais tarde". Segundo essa postura, é inútil denunciar que as revistas pornográficas fiquem à vista nas bancas de jornais, iniciar um debate na sociedade sobre o fato de que as crianças tenham acesso à internet no pátio pelo seu celular, que passem horas vendo séries inadequadas à sua idade ou que sejam usadas para fazer promoção de peças de roupas com poses sensuais nas capas. "Totalmente se depararão com isso." E que "não sejam os últimos tontos da classe a ficarem sabendo". Com esse argumento conformista e fatalista, abdicamos de educar. Deveríamos ensinar para as crianças absolutamente tudo, diminuir sua infância, pular etapas, escandalizá-las de todas as formas possíveis e matar nelas o sentido do mistério. Que visão mais desesperançada da educação!

O fato de proteger o olhar dos nossos filhos ao que não lhes convém em cada momento não deve ser proposto de

---

[67] ¡Qué moderno es tener tabúes! *La Vanguardia*. Suplemento ES, p. 20.

Educar na
curiosidade

forma negativa, como uma mera proibição ou como uma atitude puritana, porque não é. É um tema de priorização. Por exemplo, Christakis, especialista norte-americano sobre o efeito das telas nas crianças pequenas, afirma que um dos efeitos negativos das telas consiste no "deslocamento"[68]. O tempo que as crianças perdem diante das telas poderia ser dedicado a outras atividades mais apropriadas para seu desenvolvimento, como uma interação de qualidade com seu principal cuidador, a brincadeira criativa[69] ou a leitura. Há estudos que confirmam que as crianças que passam muito tempo diante de uma tela têm menos probabilidade de ler que aquelas que quase não as utilizam[70]. Buscar alternativas de qualidade é direcionar o seu olhar para a excelência, para o melhor, para o mais belo. Temos que dar-lhes alternativas excelentes, e elas existem, porque estamos rodeados de coisas belas. Com um pouco de curiosidade as encontramos com facilidade.

---

[68] Vide nota 29.

[69] Vandewater, E. A.; Bickham, D. S.; Lee, J. H. Time well spent? Relating television use to children's free-time activities. *Pediatrics*, v. 117, n. 2, p. e181--e191, 2006.

[70] Vandewater, E. A.; Bickham, D. S.; Lee, J. H.; Cummings, H. M.; Wartella, E. A.; Rideout, V. J. When the television is always on: heavy television exposure and young children's development. *Am. Behav. Sci.*, v. 48, n. 5, p. 562-577, 2005.

15.
A Beleza

"Estava um conhecido catedrático dando uma conferência sobre a beleza, quando uma mulher que estava entre os presentes lhe fez a seguinte observação: 'Na verdade, gosto não se discute'. O professor respondeu rapidamente: 'Senhora, sobre os gostos se discute muito, o que acontece é que a senhora lê muito pouco'."

MAGDALENA BOSCH, *El poder de la belleza*

O que causa a curiosidade? Falamos anteriormente que a criança se encanta ao constatar que uma coisa *é* enquanto poderia *não ser*. Mas o que existe no *ser* das coisas que provoca a curiosidade? Alguns filósofos antigos enumeraram as propriedades que se encontram no *ser* das coisas. Uma delas é a Beleza[71]. Podemos dizer então que uma das características do *ser* que provoca a curiosidade nas crianças é a Beleza.

Mas o que é a Beleza? Sempre está relacionada com o gosto? A Beleza a que se referem os filósofos não é uma mera beleza estética sujeita ao gosto. Não se trata da beleza "botox" ou da beleza "retoques" de alguns famosos. Tampouco é a beleza efêmera de qualquer coisa que se considera bela pelo

---

[71] Também estão a unidade, a verdade, a bondade, entre outras.

Educar na
curiosidade

simples fato de ser uma novidade. Esses tipos de beleza são mais moda que beleza porque respondem a uns parâmetros estabelecidos que, por um lado, não dão liberdade para outras opções e, por outro lado, não são necessariamente verdadeiros, porque não resistem à prova da passagem do tempo. A beleza-moda está sujeita aos gostos e por isso dizemos que "gosto não se discute". A beleza-moda está muito arraigada na nossa cultura e às vezes eclipsa a outra, que é mais profunda, verdadeira e duradoura: a Beleza.

A Beleza à qual se referem os filósofos é Beleza com B maiúsculo. *A de verdade*, como diríamos de forma coloquial. Esta se define na filosofia como "a expressão visível do Bem e da Verdade". Não por acaso Platão dizia que "a potência do Bem refugia-se na natureza do Belo". A Beleza é o conhecimento sensível-intelectual do bem e da verdade. Talvez não saibamos apreciá-la, mas isso não é suficiente para que cheguemos à conclusão de que não existe objetivamente. Por exemplo, Pitágoras dizia que a Beleza era encontrada na matemática. Como ele sabia muito de matemática, via a Beleza nela, sabia apreciá-la. Se algum de nós não vê Beleza na matemática, não é porque não exista, mas sim porque não chegamos a vê-la, a apreciá-la. Nossa ignorância sobre um tema concreto faz com que nosso gosto em relação à Beleza que existe nele não se ajuste à realidade. Outro exemplo de Beleza que chega ao nosso alcance é, por exemplo, a vida da Madre Teresa de Calcutá. Talvez a beleza da Madre Teresa de Calcutá não esteja muito alinhada ao conceito de beleza estética, mas todos podemos apreciar sua Beleza. A Beleza se encontra no abraço amoroso e de consolo de uma mãe, em um sorriso de alegria ou de felicidade, na amabilidade de um irmão, em um parto, na natureza... A beleza provoca contentamento profundo, não somente uma satisfação ou atração passageira. José Ortega y Gasset dizia que "a beleza que atrai raras vezes coincide com a beleza que apaixona".

O que é a Beleza para uma criança? Se a Beleza é a expressão da bondade e da verdade, o Belo para uma criança é tudo aquilo que diz respeito à verdade da sua natureza, sua ordem interior, seus ritmos, sua inocência, seu processo verdadeiro de aprendizagem etc. O amor e o consolo da sua mãe chegam até ela através do seu sorriso, do seu olhar carinhoso. O ritmo que lhe convém chega até ela através da observação da natureza. Descobre as cores através da Beleza das flores do campo. Descobre o silêncio através do barulho intermitente do vento nas folhas do bosque. É importante que a criança tenha experiências pelo cotidiano, da verdade das coisas, da realidade, não da virtualidade. Por exemplo, é curioso que não haja tempo no colégio para aprender a amarrar os cadarços dos sapatos – a maioria dos colégios pede velcro – enquanto há tempo para atividades estruturadas, inventadas para desenvolver a habilidade manual dos dedos das crianças. Não há nada como a realidade do cotidiano para aprender. Se fugirmos do cotidiano para aprender sobre ele, nós o esvaziaremos de sentido. Também podemos nos perguntar se é necessário representar para as crianças a realidade do mundo – o mercado, os animais, a natureza, as verduras da horta – através de registros em cartões, contos, filmes que mostram,

Educar na
curiosidade

por exemplo, porquinhos rosa e coelhinhos Pernalonga. Uma professora de educação infantil me contou o seguinte caso:

> Uma vez, pedi para as crianças desenharem um coelho. Todos fizeram um Pernalonga, com orelhas rosa. Houve um menino que pintou um coelho de verdade. Com pelo, muito pelo. Todas as outras crianças riram do seu coelho, porque diziam que "era feio". Não é curioso que vejamos as coisas reais como feias enquanto vemos as coisas artificiais como belas?

Muitas crianças estão sendo educadas em um ambiente artificial, asséptico. Aprendem através do material didático e de suportes – telas, registros etc. – que substituem a realidade. A criança precisa da pessoa que a ama para formar o triângulo com o mundo, como dissemos anteriormente. Substituí-la por uma tela em uma idade tão precoce é desumanizar a aprendizagem. Os estudos confirmam isso: não se aprende através das telas, e sim pela descoberta acompanhada por uma pessoa querida. Não estamos dizendo que as novas tecnologias são ruins, porque não são. Estamos falando em "outro nível", que vai além da simplória pergunta de se "é bom ou ruim". Temos que nos perguntar se realmente é necessário, por exemplo, que as crianças pequenas aprendam algo pela primeira vez através das novas tecnologias. Não existe o risco de que nossos filhos cheguem a confundir o mundo digital com o mundo real? Há pouco tempo, um professor no colégio disse aos seus alunos de seis anos: "Hoje não podemos ter aula de religião porque não chegaram os computadores e a disciplina de religião se realiza na lousa digital". Essas crianças pensarão: Deus só existe quando a tela está ligada? É bom que treinem a virtualidade do mundo digital antes da realidade do mundo? Temos que redescobrir o valor de um passeio pelo bosque, pela rua, pelo mercado, o esforço de paciência que é necessário para amarrar os cadarços dos sapatos... Para as crianças que somente viram coelhinhos na tela, o coelho de verdade não existe... Não existe o risco de que a virtualidade domine a realidade nas suas vidas?

Uma vez entendida a importância da beleza, é importante não cair no paradigma da superestimulação com a beleza. Há pessoas sensíveis à beleza, mas que a transmitem aos seus filhos com um sentido de urgência exagerado e "de fora para dentro". Música clássica com funil, visitas frenéticas aos museus para aprender o nome das obras de arte, imagens repetidas sem contexto, paisagens e cores que desfilam na tela etc. Tudo deve ser na medida certa e adaptado à idade da criança. E, acima de tudo, que a experiência seja direta e próxima ao seu mundo cotidiano. É melhor que a criança fique duas horas investigando uma folha que caiu no jardim da sua casa do que diante de uma tela que lhe mostre todos os tipos de árvores que existem nos bosques de Porto Rico, por exemplo.

Podemos ensinar às crianças uma série de conceitos, de nomes de coisas, enchê-las de dados como se fossem máquinas inteligentes, mas, se não conseguirmos que o preâmbulo desse conhecimento tenha como origem a curiosidade, não somente a aprendizagem não será sustentável, como não terá sentido. Na aprendizagem sem curiosidade, as crianças não têm respeito verdadeiro pelo conhecido porque o sentido de

Educar na *curiosidade*

curiosidade é o que faz com que uma pessoa contemple a realidade com humildade, agradecimento, deferência, sentido de mistério e admiração. Essa atitude de respeito repercutirá logicamente sobre a forma como a criança considera e respeita as pessoas que agem como intermediário entre ela e o milagre da realidade, tanto no âmbito familiar como educativo. Esse efeito pode explicar muitos dos problemas que encontramos hoje em dia em nossos lares e em nossas salas de aula e que equivocadamente pensamos poder resolver com métodos que contemplam indicadores mecanicistas como, por exemplo, o autoritarismo e o permissivismo. Não se impõe a autoridade no ensino, tampouco se conquista a base de não exigir ou de passar-se por infantil, mas sim que gera respeito através do sentido da curiosidade para aquilo que se descobre.

A curiosidade da criança pela beleza das coisas que a rodeiam é um processo que possui certa autonomia. A criança não é dependente do seu ambiente, está na expectativa dele. Não é necessário estimular a criança para que chegue à Beleza, esta chegará sozinha. As crianças, e também os adultos que são como crianças, caem naturalmente na curiosidade diante do que é irresistível na Beleza. Apenas temos que nos certificar de que seu ambiente seja rico em Beleza e filtrar a mediocridade e a vulgaridade para que, na medida do possível, não façam parte do seu dia a dia. A Beleza nunca se impõe, mas o olhar limpo da criança a percebe sem esforço ou sem notar o esforço, comparado com o prazer que lhe causa a Beleza. Apenas é necessário deixar que ela chegue ao seu alcance, como fazia Montessori com seus alunos:

Por outra parte, a beleza do ambiente e de todas as coisinhas que contém convida a criança a agir, a multiplicar seus esforços porque todas devem ser atraentes; os panos coloridos para limpar o pó enfeitados com fitas, as vassouras decoradas com desenhos, as pequenas escovinhas são graciosos; as barras de sabonete, círculos e retângulos, rosa e verdes. Tudo isso parece chamar a criança e dizer a ela: "Venha; toque-me, pegue-me; com o pano vestido de festa, limpe esta mesa reluzente, pegue a vassoura tão lindamente enfeitada e limpe com ela o chão; venham também, mãozinhas adoráveis, fiquem submersas na água e sabonete". E assim é a beleza que estimula as crianças respondendo todos os dias às disposições individuais que nascem na sua alma[72].

Aristóteles dizia algo parecido quando afirmava que os hábitos das virtudes, antes da sua plena realização, preexistem em nós em algumas inclinações naturais que são como certas incoações da virtude. As crianças estão mais predispostas ao bem do que nós porque sua intenção é, além de reta, inocente. Por isso, o enfoque mecanicista e condutista que consiste em *inculcar* hábitos nas crianças através da imposição da repetição mecânica de certas ações não respeita a verdade das crianças. É importante determinar certos limites para as crianças, mas temos que educá-las, considerando que a predisposição para a virtude já preexiste nelas. Quando as crianças estão rodeadas de Beleza como expressão da bondade, é mais fácil que desenvolvam hábitos propensos ao seu bem e ao bem dos demais. Existe Beleza na amabilidade, na delicadeza, na compaixão,

---

72 Montessori, M. *Ideas generales sobre mi método*. Buenos Aires: Losada, 1995.

Educar na *curiosidade*

na compreensão, no agradecimento. Se a criança está rodeada disso, assimilará tudo de forma natural porque dá sentido à sua vida. A Beleza tem um poder que desconhecemos e que não aproveitamos na educação e na vida em geral.

É curioso, porque plantamos uma horta no meio do pátio e as crianças não pisoteiam as alfaces e os tomates. Respeitam esse espaço como algo quase sagrado. Brincam ao redor, mas com cuidado.

Quando penso no poder da beleza, penso na seguinte cena. Por uma série de razões, vamos de vez em quando a uma residência de idosos próxima à nossa casa. Essa residência é muito sombria, quase austera. Mas há alguma coisa, não é possível explicar muito bem o que é, que a faz Bela. Está localizada em plena natureza, rodeada de campos de trigos e de bosques. Os idosos cultivam ali a sua horta. É um lugar onde não há pressa. Há paz, serenidade, sorrisos. As pessoas que trabalham ali são amáveis, atenciosas. Os idosos passeiam pela residência vestidos sem luxo, mas com dignidade. Aos domingos, os homens usam gravata e lenço e as mulheres usam salto alto e tiaras. Não vão a grandes festas, nem recebem distintos convidados. Mas são esses pequenos detalhes que deixam a convivência agradável. É possível ver casais bem idosos de mãos dadas, falando com o silêncio. Há pouco tempo me disseram que o Estado havia mandado fiscais àquela residência porque as pessoas não morriam, e por isso a lista de espera não parava de crescer. Então me lembrei do que dizia Dostoiévski: "a humanidade pode viver sem a ciência, pode viver sem pão, mas sem a beleza não poderia viver nunca, porque não teríamos mais nada para fazer no mundo". A sede de Beleza está impressa na nossa natureza. Não obstante, uma criança ou alguém que ainda se espanta como uma criança tem mais facilidade para percebê-la. Kafka dizia: "A juventude é feliz porque possui a capacidade de ver a beleza. É ao perder essa capacidade quando começa o penoso envelhecimento, a decadência, a infelicidade". Janouch lhe perguntou: "Então, a velhice exclui toda possibilidade de felicidade?". E Kafka respondeu: "Não. A felicidade exclui a velhice. Quem conserva a capacidade de ver a beleza não envelhece".

Um dos obstáculos que impedem a criança de alcançar a Beleza hoje em dia é a falta de sensibilidade. Dissemos anteriormente que a superestimulação satura os sentidos e impede que a criança possa apreciar a dimensão estética da vida. A superestimulação substitui a curiosidade e impede que a criança chegue a perceber a Beleza do que a rodeia. Por isso, é tão importante que a criança tenha espaços de silêncio para poder refletir, apreciar e saborear a Beleza do que a rodeia. E experiências estéticas para poder desenvolver a sensibilidade sobre o que é Belo, através da música, da amabilidade, da natureza, por exemplo. A educação na sensibilidade consiste em rodear a criança do que convém à sua natureza – tudo o que respeita os seus ritmos, sua inocência etc. – e proteger o seu olhar do que não lhe convém. Como dissemos anteriormente, a criança carrega em si brotos de bondade e sementes de conhecimento. A bondade e a

Educar na *curiosidade*

verdade chegam até a criança através da Beleza, e a criança chega até elas através da curiosidade. E, quando esse processo acontece sem obstáculos, a criança realmente interioriza a virtude e a aprendizagem.

Poderíamos resumir nas seguintes fórmulas o que foi dito:

Criança (nela preexistem *sementes da ciência*)	Criança (nela preexiste a *predisposição para a virtude*)
+	+
Curiosidade	Curiosidade
+	+
Beleza	Beleza
+	+
Verdade	Bondade
=	=
Aprendizagem interiorizada	Ação interiorizada para o seu bem e o bem dos demais

De fato, o poeta polaco Cyprian Norwid dizia: "A Beleza serve para entusiasmar para o trabalho". Na Beleza, não há tensão entre o que a pessoa deve e quer fazer, visto que a beleza é o lugar no qual convergem ambas as coisas. A Beleza ajuda que a verdade e a bondade cheguem até nós com menos esforço, de forma natural. Sem necessidade de motivação *a priori* e sem cair no voluntarismo. A curiosidade é o mecanismo que se encarrega disso. Mas, sem a Beleza, a curiosidade trabalharia às cegas.

16.
O feísmo

"No final de cada sonho, Frankie acordava, encharcada de lágrimas. Não encontrava alívio no silêncio do seu quarto porque ali tudo era real. E o sentimento de culpa era imenso demais para poder se controlar. Cada vez que abria os olhos, fechava-os em seguida, pensando que talvez tivesse acordado pela última vez."

LISI HARRISON, autora de *Monster High*, livro direcionado ao público juvenil que inspirou as bonecas góticas Monster High, direcionadas ao público infantil

"A beleza é uma coisa terrível. Deus e Satanás brigam por ela, e o campo de batalha é meu coração."

Dimitri Karamazov a seu irmão Aliocha em *Os irmãos Karamazov*, de FIÓDOR DOSTOYÉVSKI

O que é o feísmo? O feísmo não existe por si só. O feísmo é a ausência de Beleza. "A beleza se encontra em todas as coisas existentes", dizia Tomás de Aquino. Isso implica que a ausência de Beleza nas coisas nunca pode ser completa. Se algo não fosse "um pouco belo", então não existiria. Não existe algo cem por cento feio. Pelo simples fato de "ser", carrega em si um pouco de beleza. Essa é a razão pela qual às vezes há uma discussão em

Educar na *curiosidade*

torno do que é Belo ou não, se convém ou não à natureza dos nossos filhos. Pode acontecer, em casa no domingo de tarde, quando há várias famílias diante do mesmo televisor e não entramos em um acordo sobre o conteúdo que as crianças devem assistir. Pode acontecer quando vemos o tipo de presentes que as mães compram para uma festa de aniversário. Por exemplo, uma boneca gótica com dentadura de vampiro é Bela para uma menina de três anos? Sabemos que sempre há beleza em todas as coisas. Talvez haja 10%, 20% ou 80% de Beleza, não sabemos a porcentagem exata porque não existe algo como um medidor de beleza. O que acontece é que às vezes há bem pouca. E, se nós mesmos tivermos a sensibilidade para captar a Beleza em tudo o que nos rodeia, intuiremos isso. Não existe uma ferramenta que nos permita saber com exatidão quanta Beleza há em alguma coisa, mas existem peles finas com muita sensibilidade para perceber a Beleza e peles de elefante com pouca ou nenhuma sensibilidade para percebê-la. A insensibilidade faz com que a pessoa caia em uma atitude generalizada de autismo diante da Beleza. Por outro lado, a sensibilidade permite que a curiosidade trabalhe com mais fluência, para que entremos em sintonia com a realidade através do que é belo. Não é que a Beleza só exista e permaneça exclusivamente para um grupo de pessoas com uma sensibilidade particular; a Beleza está em toda parte e é oferecida a todos, mas só as pessoas com sensibilidade para percebê-la podem usufruir dela.

Alejandro Jodorowsky dizia: "Os milagres são comparáveis às pedras: estão em toda parte oferecendo sua beleza e quase ninguém lhes dá valor. Vivemos em uma realidade onde são abundantes os prodígios, mas são vistos somente por quem desenvolveu sua percepção. Sem essa sensibilidade, tudo se torna banal, ao acontecimento maravilhoso chamamos de casualidade, avançamos pelo mundo sem esse segredo que é a gratidão. Quando acontece algo extraordinário, nós o vemos como um fenômeno natural, do qual, como parasitas, podemos usufruir sem dar nada em troca". Para educar na curiosidade, nós mesmos devemos ser pessoas minimamente agradecidas, curiosas e sensíveis à Beleza.

Se o feísmo é a ausência da beleza, podemos afirmar que algo que contenha pouca beleza é algo vazio. O vazio que chamamos coloquialmente de "vulgaridade". A vulgaridade é o que carece de importância, originalidade, conteúdo. Extraviada a curiosidade e a sensibilidade para desfrutar da experiência estética ou da Beleza, brota a vulgaridade do vazio, e perdemos o contato com a realidade, o contexto que nos permite dar sentido à nossa existência. Então a pergunta fundamental é a seguinte: por que colocar a criança em contato com algo vazio, vulgar, que contém pouca beleza, enquanto poderíamos rodeá-la de muito mais Beleza? Mencionamos anteriormente que Belo é aquilo que respeita a verdadeira natureza da criança. Então, proteger o olhar das crianças diante do feísmo é fundamental, porque aquilo que não respeita a verdade da sua natureza – suas necessidades, seus ritmos, sua ordem interior... – pode causar mal a elas, às vezes pouco, outras vezes muito ou muitíssimo. Pensemos na pornografia, ou na violência, por exemplo. Hoje em dia, as crianças têm uma carência de vitamina B (Beleza) ao seu redor. Se dermos

Educar na
curiosidade

uma olhada na grande maioria dos conteúdos, inclusive nos supostamente infantis, que veem as crianças de hoje em dia, poucos passariam pelo filtro da Beleza com B maiúsculo. Muito poucos. Desenhos agressivos, diálogos mesquinhos, ritmos frenéticos, insinuações sensuais, tom degradante, falta de delicadeza... Rodear os nossos filhos de Beleza é buscar nada menos que a Excelência para eles, é enriquecer sua vida, preenchendo-a com o melhor, ampliando-lhes os horizontes da razão, acostumando-os a viver com a exigência bem alta.

Hoje em dia, a Beleza com B maiúsculo está eclipsada por dois argumentos.

Primeiro, o argumento da beleza *posse*. Hoje em dia, nossas filhas estão saturadas de modelos que promovem uma beleza falsa, cosmética. Por suscitar desejo de posse e de satisfação do momento, esses modelos prejudicam as nossas filhas, porque as transformam em objetos. Além disso, como dizia Hermann Hesse, "a beleza não faz feliz a quem a possui, e sim a quem possa amá-la e adorá-la".

Infelizmente, esses modelos de beleza *posse* preenchem os anúncios publicitários, as capas das revistas, os cartazes nas ruas, até o *merchandising* – mochilas, estojos, guarda-chuvas – e os filmes infantis, por isso se transformam nos melhores amigos das nossas filhas. Desde o beijo "na boca" em *A Princesa e o Sapo*, animal que com certeza não esconde suas pulsões sexuais para a pequena Tiana, até a sensual Pequena Sereia, que usa conchas como um biquíni para cobrir seus seios. Mais sereia do que pequena, porque tem pouca coisa de jovem ou de menina a sua redonda e generosa silhueta.

Sem dúvidas, esses modelos influenciam os nossos filhos. Depois da estreia do filme da Disney *A Princesa e o Sapo*, saiu a notícia de uma epidemia de salmonela em meninas com menos de 10 anos, imitando os protagonistas. Como se não fosse suficientemente hilariante o acontecimento, a Associação Americana de Veterinários para Répteis e Anfíbios teve que pedir aos donos de rãs que não deixassem as crianças a sós com seus animais de estimação...

Outro argumento que coloca em dúvida a Beleza de verdade é *o culto ao feísmo*. O culto ao feísmo é uma forma de rebelião para a beleza, segundo a qual toda beleza é um engano que deve ser desmascarado, destruído. O culto à feiura age como o piromaníaco que se satisfaz destruindo a beleza dos bosques. Vê mentira nas virtudes e, no vício, uma manifestação de sinceridade. A suspeita de que tudo que é bom e belo é consequência da falta de curiosidade. O cinismo e o desdém universal são consequência da perda da capacidade de admiração.

– Os homens do teu planeta, disse o principezinho, cultivam cinco mil rosas num mesmo jardim... e não encontram o que procuram...

– Não encontram, respondi...

E no entanto o que eles buscam poderia ser achado numa só rosa, ou num pouquinho d'água...

– É verdade.

Educar na
curiosidade

E o principezinho acrescentou:
– Mas os olhos são cegos.

Antoine de Saint-Exupéry, *O Pequeno Príncipe*

Sem a beleza, a curiosidade trabalha às cegas, não tem ao que se agarrar, mas, sem a curiosidade, a beleza não se vê porque os olhos da alma estão danificados.

O culto ao que é feio chega até os nossos filhos de diversas maneiras, em forma de brinquedos, livros, filmes, *videogames*... Jogos de luta e de guerra violenta e gratuita, rostos espantosos, figuras tétricas, visuais agressivos, escuros. Há pouco tempo, esse argumento que fazia sucesso principalmente entre os meninos também atingiu as meninas. Durante o Natal de 2011, estavam esgotadas em todas as lojas as famosas bonecas góticas Monster High, vendidas em caixas no formato de caixão. Há pouco tempo uma série de romances e de filmes de vampiros estiveram na lista dos mais vendidos entre o público adolescente feminino.

Muitos pais se fazem a seguinte pergunta: Por que algumas crianças e adolescentes sentem atração ao feísmo? Por que esse culto ao feísmo, que comentávamos anteriormente? O culto ao que é feio é consequência da perda da curiosidade, pois tudo o que não diz respeito à natureza da criança contribui para isso. Além disso, se prestarmos atenção, muitas das coisas "feias" que são comercializadas apelam para o vício da superestimulação. A grande maioria desses brinquedos tétricos, violentos, escuros é acompanhada por conteúdos televisivos e por jogos de *videogame* extremamente rápidos. As crianças, como Alex, encontram ali um alívio ao vício da estimulação.

Além disso, todos os livros, filmes, séries e brinquedos nos quais vemos feísmo e que fazem sucesso são os que contêm um fundo de mistério. Apelam à atração que a criança sente pelo mistério, como explicamos anteriormente. A magia, os poderes da natureza, o vampirismo etc. Parece que a indústria dos jogos conhece muito bem os nossos filhos... E sabe como ganhá-los. O disfarce de mistério é o que prende as crianças e facilita a entrada do brinquedo na sua vida interior. Mas é um mistério vazio, vulgar e tétrico. Não é um mistério que preenche de sentido a vida da criança.

É preciso rodear as crianças de Beleza, curar essa carência de vitamina B que possuem. Educar é dar oportunidades de Beleza. É necessário buscar a excelência para os nossos filhos e ampliar os seus horizontes com coisas Belas. Uma razão sem Beleza se torna pequena... Por isso, deixemos de dar voltas perguntando-nos se o que rodeia nossos filhos possui 10% ou 20% de Beleza. Carece de Beleza? Então, no melhor dos casos, se trata de uma perda de tempo para os nossos filhos. E, no pior, faz mal a eles porque não respeita sua verdadeira natureza, suas necessidades, seus ritmos, sua ordem interior. Para os nossos filhos, somente Beleza e em grande estilo! Como dizia Dostoiévski, "a beleza salvará o mundo".

17.
O papel da cultura

Nulla aesthetica sine ethica. Logo, apaga e vamo-nos."

JOSÉ MARÍA VALVERDE

"Fale de beleza com sua filha antes que a indústria da beleza o faça."

DOVE

É muito difícil substituir algo que entrou no coração de uma criança de zero a quatro anos. Frequentemente, subestimamos o papel fundamental da cultura, do ambiente, na predisposição dos nossos filhos para uma série de valores positivos.

O que é a cultura? A cultura é a expressão da maneira de pensar e de sentir. É transmitida pelos livros; pelos brinquedos; pelas imagens; pelas palavras; pela música, pela forma de vestir-se, de falar; pela televisão; pelos filmes; e através da vivência de cada uma das pessoas que estão em contato com os nossos filhos – os companheiros do colégio; a babá da criança, se houver; o responsável pelo transporte se o utiliza para ir à escola; a pessoa que a recebe no colégio; a senhora da limpeza... "É necessária uma tribo inteira para educar uma criança", diz o sábio provérbio africano. Tudo aquilo que entra

Educar na
curiosidade

pelos sentidos da criança pequena configurará sua cultura, porque ainda não tem filtro, capacidade de discernimento, essa maturidade afetiva e intelectual que permite filtrar, organizar, escolher, entender toda a informação que lhe é dada. O papel do educador – começando pelos pais – consiste em entender até que ponto a criança está preparada para receber determinadas informações, ou quais comportamentos observar, e agir como um filtro externo, protegendo-a do que apresenta um risco para o seu desenvolvimento em cada momento.

Se quisermos que os valores positivos se solidifiquem na cultura dos nossos filhos, eles precisam inculturar, ou seja, absorver a cultura, encontrando-se de forma explícita ou implícita em cada um dos elementos – brincadeiras, filmes, pessoas, contos... – que configuram a cultura deles. Se não inculturam, não permanecem. Aqueles valores andarão em suas vidas como uma mancha de óleo sobre a água. Se a cultura se esvazia do que é Belo e dá passagem ao culto ao feísmo, à vulgaridade, os valores positivos não se solidificam, não permanecem. Nossos filhos sofrerão um vazio cultural e uma insensibilidade que os fará incapazes de apreciar a Beleza.

Por isso, é importante que filtremos o que chega até as crianças sendo agentes geradores de cultura, promovendo conteúdos que correspondam à ecologia humana das crianças. Se todos os pais fizessem isso, nossas ruas, a programação televisiva para certas faixas horárias etc. se transformariam em espaços limpos de pornografia, de imagens e de linguagens deprimentes e violentas. Faríamos uma sociedade mais preparada para acolher e educar as crianças e mais propícia para o renascimento da curiosidade.

Conclusão

Uma parede de tijolos ou um belo mosaico

"Ninguém até agora realmente percebeu a riqueza da simpatia, da bondade e da generosidade escondidas na alma de uma criança. O esforço de uma educação verdadeira deveria consistir em abrir a porta para esse tesouro."

EMMA GOLDMAN

"Sem tal assombro, o homem tornar-se-ia repetitivo e, pouco a pouco, incapaz de uma existência verdadeiramente pessoal."

JOÃO PAULO II, *Fides et Ratio*

Frequentemente me perguntam nas minhas palestras qual é a diferença entre a estimulação e a superestimulação. A pergunta deve ser reformulada, visto que a resposta se encontra na natureza da própria criança – naquilo de que precisa em cada momento – e não em uma análise fria do método alheio a ela. A estimulação, *se não é necessária do ponto de vista da criança*, sobra, pois se trataria de uma superestimulação. A pessoa que melhor sabe do que a criança precisa é quem tem uma relação de qualidade com ela. Se tiver sensibilidade, claro. De fato, os estudos nos dizem que o que de verdade faz a diferença no bom desenvolvimento da criança é *a qualidade da relação que existe*

Educar na
curiosidade

entre ela e a pessoa que cuida dela e que essa qualidade depende da *sensibilidade* dessa pessoa[73]. Na medida em que a pessoa que cuida da criança tenha esse conhecimento e a *sensibilidade* para saber do que precisa ou não em cada momento, vamos indo bem.

Primeiro, invenção e descoberta; depois, disciplina e aprendizagem, nos diz a filosofia tomista. Um ambiente normal e uma quantidade mínima de estímulos, nos fala a neurociência. Se não for assim, no melhor dos casos, será uma perda de tempo e, no pior, um acréscimo que pode provocar comportamentos indesejados, como vimos anteriormente.

Os pais também me pedem frequentemente que opine sobre certos métodos educativos. É verdade que há métodos que em si são objetivamente mecanicistas, ou outros que, ao contrário, são respeitosos com a natureza da criança; é necessário ir além e averiguar quais são as circunstâncias da sua utilização que podem atenuar ou magnificar seu estilo. O método não é tudo e não deve descontextualizar-se da criança, do paradigma antropológico do educador, do estilo de gestão da instituição escolar e do seu ambiente. Cada caso deve ser estudado cuidadosamente, sem cair na busca da receita padrão. De fato, somos cada vez mais vítimas da indústria do conselho educacional e da receita empacotada que resolve o "como" – enfoque mecanicista – passando por alto os "porquês" e os "para que". Os pais não devem nunca procurar "a receita fácil de aplicar", em primeiro lugar porque não devemos acreditar

---

[73] A teoria do apego fala da *sensitivity*, que se traduz na capacidade de perceber as necessidades da criança em cada momento.

em quem insinua que educar é fácil; em segundo lugar porque não existe nenhuma receita padrão para toda a variedade de circunstâncias da vida de cada um dos nossos filhos; e finalmente porque temos que fugir dos modelos mecanicistas que nos distraem e nos afastam da verdadeira razão de ser da educação: a pessoa. Cada família é um mundo, cada criança é um mundo. Para poder responder às dúvidas ou perguntas formuladas pelos pais ou educadores, é necessário conhecer a criança (sua idade, suas circunstâncias, sua situação familiar), o contexto do método (qual é o marco antropológico de quem o utiliza, a frequência, o meio através do qual é transmitido, o objetivo etc.), a situação familiar (se a criança tem um apego seguro ou não, se a criança é a mais velha ou a mais nova) etc.

Por exemplo, é muito diferente que uma criança veja desenhos animados rápidos ou lentos. Com ou sem seus pais. Com dois anos ou com seis. Meia hora por dia ou cinco horas por dia. Com violência ou sem violência. Porque seus pais estão convencidos de que assim aprenderá inglês – está comprovado que esse não é um método que dá resultados permanentes – ou porque é uma forma de sobreviver durante a tarde enquanto seus irmãos menores tomam banho. É muito diferente que um conto seja lido para 500 crianças em um auditório com um microfone diante de uma tela estridente e uma música de fundo que ensurdece ou para uma criança no seu grupo reduzido e na sua sala de aula habitual. É muito diferente que o intermediário entre o conto e as crianças seja uma tela digital ou a professora que sempre está com elas. É diferente se o conto

Educar na *curiosidade*

se adapta ou não à idade das crianças. Por exemplo, é diferente querer incentivar a autonomia de uma criança deixando-a fazer o que se sente capaz de fazer – vestir-se pela manhã, colocar o roupão sozinha – e empurrá-la a fazer aquilo que não se sente capaz porque "sim", porque é um ritual – forçá-la pelo sistema, aos dois anos, a caminhar sozinha desde a entrada da escola até a porta da sua classe, quando seus pais chegam atrasados ao colégio pela manhã, por exemplo. De maneira geral, uma mãe ou uma educadora sensível sabe do que a criança precisa. Por isso, se queremos educar os nossos filhos na curiosidade, e eles vão ao jardim de infância, o mais importante é procurar uma instituição dirigida por pessoas com uma grande sensibilidade pelos temas abordados nestas páginas.

Depois, é importante não reduzir o discurso da educação na curiosidade a uma série de técnicas, conselhos, métodos e proibições. Educar na curiosidade é muito mais. Educar na curiosidade é deixar que os nossos filhos aproximem o olhar da fechadura da porta que leva ao mundo real. Quando nossos filhos olham pela fechadura de longe, só podem apreciar um tímido raio de luz. À medida que se aproximam da porta, o que veem cresce, até que, algum dia, com a testa apoiada na fechadura, estarão contemplando a Beleza do universo. Educar na curiosidade é uma filosofia de vida, uma forma de ver o mundo que amplia os horizontes da razão porque se nega a permanecer no minimalismo da vulgaridade. Educar na curiosidade não é voltar atrás no tempo, sentindo falta do passado. É certo que se trata, de alguma maneira, daquilo que é "o de sempre", mas nas circunstâncias do momento em que nos encontramos agora e daquele em que nos encontraremos amanhã e sempre. Às vezes, confundimos originalidade com novidade. Gaudí dizia que "ser original é voltar às origens"... A educação na curiosidade é um enfoque que vai além das características culturais e das épocas, porque está fundamentado na natureza, atemporal e transcendente ao fator cultural. Educar na curiosidade é reconhecer que nossos filhos possuem uma natureza própria com a qual devemos ser sensíveis e atenciosos. A criança é protagonista da sua educação. Não é necessário que a estimulemos de fora para dentro. A criança descobre através da curiosidade, e essa curiosidade é o que lhe faz desejar o conhecimento, o que a motiva a agir. E nossos filhos não necessitam que nos transformemos em animadores de ludoteca e que nos desdobremos para converter sua infância em algo mágico, porque sua infância já é por si mesma mágica. Educar na curiosidade é respeitar os seus ritmos, suas necessidades básicas, sua inocência, não adiantar etapas. Educar na curiosidade para que a criança possa apreciar a Beleza. E educar na Beleza para que a criança possa encontrar motivos para encantar-se. A criança, a curiosidade e a Beleza. Três variáveis que foram perdidas de vista hoje em dia e às quais devemos devolver seu lugar e sua importância. Ainda temos muito a fazer. Mais do que poderemos imaginar.

Tirar a curiosidade e cercar a criança de coisas que contêm pouca beleza é desnaturalizá-la, roubar a sua infância

Educar na *curiosidade*

e diminuir a sua razão. Também é tirar dela a possibilidade de ser tudo o que poderia chegar a ser como adolescente e como adulto. Uma criança a quem tiramos a capacidade de curiosidade tem todas as probabilidades de se transformar em um adolescente e depois um adulto...

- desmotivado como Elisa, a quem bloquearam o desejo para o conhecimento.
- mal-agradecido, porque acredita que merece tudo.
- empenhado em buscar sensações novas, porque está acostumado a ter os sentidos saturados.
- cego diante da Beleza do mundo, porque sua perda do sentido do mistério faz com que o reduza a tudo aquilo que pode entender.
- cínico, estado contrário à curiosidade, do qual será difícil sair porque é algo pegajoso. Prende, atrai as massas, é o que "se exige", dá uma sensação de leveza, de estar "por cima" da realidade, no mundo "neutro" das aparências, vendo tudo de muito longe, com ares vaporosos de elegância desprendida. O cinismo é vazio e não leva a parte alguma, somente a si mesmo.
- suspeito do que é bom e do que é Belo, substituindo ambos pelo culto ao feísmo.

Uma criança assim é e será, como dizia a famosa música de Pink Floyd, "Another brick in the wall". Uma criança conformista, desencantada com o mundo que a rodeia. E uma sociedade formada por gente assim não é duradoura, visto que o desejo de superação e o reconhecimento pelo que é bom e o que é belo, sem ceticismo, sem cinismo, sem inveja, sem desprezo, são necessários para o progresso de qualquer sociedade.

É verdade que a adolescência tem algumas características que não são curadas pela curiosidade, mas com ela damos mais oportunidades ao adolescente. Uma criança cuja curiosidade deixamos florescer tem mais chances de chegar à adolescência como uma pessoa que:

- será agradecida, porque não considera que merece tudo.
- ponderará as coisas com o seu coração e será contemplativa, porque sempre terá interioridade.
- saberá reconhecer o que é superior, sem inveja, nem mesquinharia.
- será capaz de apreciar a Beleza, porque seu olhar será profundo.
- será paciente, pois estará acostumada a esperar antes de ter.
- não reduzirá a vida a uma série de experiências ou a uma sucessão de fatos sem transcendência, e sim a considerará como uma aventura de busca pela bondade, pela descoberta da realidade, pelo apreço da Beleza e da escolha de tudo por seu valor intrínseco.

Educar na
curiosidade

- será calma, porque seus sentidos não foram saturados.
- viverá o cotidiano com sentido e por isso não passará a vida procurando sensações novas.
- agirá por convicção, porque sua fonte de motivação não está nos demais.
- será uma pessoa dedicada aos demais, porque sabe não olhar somente para si e tem a sensibilidade para perceber as necessidades dos outros.
- será contemplativa e aberta ao mistério, porque não reduzirá a realidade àquilo que pode compreender, o que provocará nela uma sede infinita de conhecer, de descobrir, e abrirá na sua vida e na sociedade o caminho para um progresso verdadeiro.

Agora, desafio a sua capacidade de curiosidade: imagine por um instante o mosaico tão belo de uma sociedade composta por pessoas com essas características...

O cidadão invisível

"Cada criança, ao nascer, traz-nos a mensagem de que Deus não perdeu a esperança no Homem."

KHALIL GIBRAN

"As crianças não são o futuro porque algum dia serão adultos, mas porque a humanidade vai se aproximar cada vez mais da criança, porque a infância é a imagem do futuro."

MILAN KUNDERA

A solução está em dar meia-volta em relação a muitos paradigmas que nos guiaram na educação infantil: transformar a criança da nossa maneira em um adulto pequeno, manipulável. Parece até mesmo que se transformou na razão de ser da educação infantil: a criança é uma criança! Não é um adulto "inacabado", "imperfeito". Parece que estamos procurando a foto perfeita dos nossos filhos, mas não há uma foto perfeita, eles estão no caminho, como nós. Somente os baobás do Pequeno Príncipe nascem árvores feitas. No nosso mundo real, as árvores começam como pequenos brotos, dos quais saem galhos pequenos, e depois folhas delicadas. Crescem de acordo com o ritmo da sua própria natureza. Educar na curiosidade não é superproteger a criança, podando-a como um bonsai

Educar na
curiosidade

para evitar seu crescimento..., é deixá-la crescer no seu ritmo, dando a ela aquilo de que precisa e protegendo-a do que não lhe convém. As pessoas nascem bebês, depois tornam-se crianças, não pessoas feitas. Nascem com uma ordem interior, um ritmo próprio. E, se a criança não consegue harmonizar essa ordem interior em um ambiente que não está feito na sua medida, isso cria uma tensão, uma falta de unidade que provoca aquele "grito à natureza" que descreve tão bem Montessori e que poderia ser a raiz de muitos transtornos que observamos hoje em dia nas crianças. Como diz o sábio provérbio: "Deus perdoa sempre; o homem, às vezes; a natureza, nunca".

Montessori afirma que a criança, mesmo sem estar consciente disso, desempenha um papel fundamental na sociedade e na vida adulta e nos explica até que ponto nosso mundo mudaria se entendêssemos o alcance dessa afirmação. A citação remonta ao ano de 1965, mas tem uma curiosa vigência...

> Algumas pessoas pensam que o mero valor que aporta a criança para a humanidade está no fato de que chegará a ser adulto [...]. A criança é uma entidade humana que tem importância por si; não uma mera transição para a idade adulta. Não podemos ver a criança e o adulto como fases sucessivas na vida de uma pessoa. Temos que vê-los como duas formas diferentes de vida humana, ocorrendo ao mesmo tempo e exercendo uma influência recíproca uma sobre a outra. A criança e o adulto são duas partes diferentes e separadas da humanidade que deveriam compenetrar-se e trabalhar juntas em harmonia e ajuda mútua.

Então, não somente o adulto deve ajudar a criança, como também a criança deve ajudar o adulto. [...] nem todo mundo percebe que a criança é uma ajuda lindamente valiosa para o adulto e pode, e deve, de acordo com a vontade de Deus, exercer uma influência formativa sobre o mundo adulto. Essa última ideia costuma ser recebida com um certo grau de ceticismo, mas uma reflexão tranquila sobre essa ideia levará à sua aceitação.

[...] quando chega o tempo de ajudar a criança com as suas necessidades psíquicas e espirituais [...] sem se dar conta disso, começa a luta com a criança. Consideram-na demais como uma posse e a tratam dessa forma. Consideram que a criança deve ser o que eles desejam que seja. A criança deve encontrar satisfação e interesse naquilo que seus pais decidem impor a ela. Devem estar contentes com um ambiente criado exclusivamente para se encaixar com os interesses e a comodidade prática dos adultos. [...]

Se o educador [...] agisse guiado pelas necessidades reais da criança, a vida dela ficaria profundamente inspirada, de forma permanente, pela mentalidade e pelo ambiente específico que requerem essas necessidades reais. Então, a civilização não se desenvolveria exclusivamente do ponto de vista do que é conveniente e útil para a vida adulta. Hoje em dia, procura-se o progresso, demais e exclusivamente através das qualidades adultas. A civilização está fundamentada no triunfo das forças, nas conquistas violentas, na adaptação, na luta pela existência e na sobrevivência dos conquistadores. A triste consequência desse desenvolvimento se manifesta nos âmbitos moral--religioso, econômico e de política internacional. Tudo isso é uma prova tangível de que na construção da sociedade faltaram alguns elementos essenciais; de que as características da criança tiveram muito pouca influência porque ela e o adulto estiveram afastados um do outro. A criança quase desapareceu do pensamento do mundo adulto e os adultos vivem como se as crianças não tivessem direito a influenciá-los.

Em certos âmbitos da sociedade, a criança se transformou em uma mera posse que uma pessoa adquire, ou não, segundo as suas próprias inclinações. Uma ou duas crianças – sim, é agradável – para que uma não fique muito sozinha e possa se divertir. Neste mundo degenerado, a criança existe para o adulto; e, consequentemente, a criança deve viver o tipo de vida do adulto. [...] Visto que a criança tem um papel inferior na vida adulta, a vida dela foi degenerada. A verdadeira natureza da paternidade e da maternidade se perdeu e consequentemente a criança também se degenerou. Se a criança e seus "direitos" não voltam a entrar na vida, a dignidade do adulto se perderá para sempre. [...]. Se mudássemos o centro da civilização do adulto para a criança, uma civilização mais nobre emergiria[74].

Chegou o momento de mudar a sociedade para fazê-la mais sob medida para as crianças. Uma civilização construída exclusivamente sobre valores de adultos não pode triunfar. Devemos voltar a incluir na sociedade não somente a criança, mas também todos os valores que representa, começando pela curiosidade. A criança é quem nos lembra dos valores da paz, da solidariedade, da transparência, da delicadeza, do otimis-

---

74 Vide nota 34.

mo, da proteção da inocência, da empatia, da compaixão, da dignidade dos seres humanos, da alegria, do agradecimento, da humildade, da simplicidade, da amizade.

Definitivamente, educar na curiosidade é fundamental. E nunca é tarde para educar recuperando a curiosidade perdida. Descobrir a curiosidade como algo bom e desejado e querer recuperá-la é o melhor ponto de partida para consegui-la, porque é, em si, manifestação de curiosidade.

Bibliografia

AMERICAN ACADEMY OF PEDIATRICS. The Doman-Delacato treatment of neurologically handicapped children. *Neurology*, n. 18, p. 1214-1215, 1968.

_____. The treatment of neurologically impaired children using patterning. *Pediatrics*, n. 104, p. 1149-1151, 1999. Disponível em: <http://pediatrics.aappublications.org/content/104/5/1149>.

_____. Children, Adolescents, and Television. *Pediatrics*, v. 107, n. 2, p. 423-426, 2001.

_____. Policy Statement on Media Use by Children Younger than 2 Years. *Pediatrics*, v. 128, n. 5, p. 1040-1045, 2011.

_____. Winter Safety Tips, 1/2, *Safekids*, 11/115.

ARISTÓTELES. *Ética a Nicómaco*. Madrid: Alianza Editorial, 2008 (Libro II; 3).

BARKLEY, R. A. Behavioral inhibition, sustained attention, and executive functions: constructing a unifying theory of ADHD. *Psychol. Bull.*, v. 121, n. 1, p. 65-94, 1997.

BARLETT, C. P.; ANDERSON, C. A.; SWING, E. L. Video Game Effects-Confirmed, Suspected, and Speculative: A Review of the Evidence. *Simulation Gaming*, v. 40, p. 377-403, 2009.

BEEBE, D. W. Cognitive, behavioral, and functional consequences of inadequate sleep in children and adolescents. *Pediatr. Clin. North Am.*, n. 58, p. 649-665, 2011.

BERGER, J.; MILKMAN, K. What makes online content viral? *Journal of Marketing Research*, 2011. DOI: 10.1509/ jmr.10.0353. Disponível em: <http://ssrn.com/abstract=1528077>.

BERGER, R. H.; MILLER, A. L.; SEIFER, R.; CARES, S. R.; LEBOURGEOIS, M. K. Acute sleep restriction effects on emotion responses in 30- to 36-month-old children. *J. Sleep Res.*, v. 21, n. 3, p. 235-246, 2011. Disponível em: <http://onlinelibrary.wiley.com/doi/10.1111/j.1365-2869.2011.00962.x/full>. Acesso em: 17 fev. de 2012.

BERNIER, A.; CARLSON, S. M.; BORDELEAU, B.; CARRIER, J. Relations Between Physiological and Cognitive Regulatory Systems: Infant Sleep Regulation and Subsequent Executive Functioning. *Child Development*, v. 81, n. 6, p. 1739-1752, 2010.

BOWLBY, J. *Una base segura: aplicaciones clínicas de una teoría del apego*. Barcelona: Paidós Ibérica, 1989.

CARR, N. Is Google Making Us Stupid?. *The Atlantic*, v. 301, n. 6, 2008. Disponível em: <http://www.theatlantic.com/doc/200807/google>. Acesso em: 6 out. 2008.

CHESTERTON, G. K. *Ortodoxia*. Barcelona: Plaza & Janés, 1967 (Obras Completas; 1.)

CHONCHAIYA, W.; PRUKSANANONDA, C. Television viewing associates with delayed language development. *Acta Paediatr.*, v. 97, n. 7, p. 977-982, 2008.

CHRISTAKIS, D.A. Infant media viewing: first, do not harm. *Pediatr. Ann.*, v. 39, n. 9, p. 578-582, 2010. D. A.

_____. The effects of infant media usage: what we know and what should we learn? *Acta Paediatrica*, v. 98, p. 8-16, 2008.

_____. The Effects of Fast-Pace Cartoons. *Pediatrics*, v. 128, n. 4, p. 772-4, 2011. Publicado originalmente *on-line* em 12 de setembro de 2011; DOI: 10.1542/peds.2011-2071. Disponível em: <http://pediatrics.aappublications.org/content/early/2011/09/08/peds.20112071.citation>.

_____; GILKERSON, J.; RICHARDS, J. A. *et al*. Audible television and decreced adult words, infant vocalizations, and conversational turns: a population-based study. *Arch. Pediatr. Adolesc. Med.*, v. 162, n. 5, p. 411-417, 2009.

_____; ZIMMERMAN, F. J.; DiGIUSEPPE, D. L.; McCARTY, C. A. Early television exposure and subsequent attentional problems in children. *Pediatrics*, v. 111, n. 4, p. 708-713, 2004.

_____; ZIMMERMAN, F. Violent Television Viewing During Preschool Is Associated With Antisocial Behavior During School Age. *Pediatrics*, v. 120, n. 5, p. 993-9, 2007.

CSIKSZENTMIHALYI, M. *Beyond Boredom and Anxiety: Experiencing Flow in Work and Play*. San Francisco: Jossey-Bass, 1975.

DE BOFARULL, I. *Ocio y tiempo libre:* un reto para la familia. Pamplona: Eunsa, 2005.

DEWEY, J. My Pedagogic Creed. *School Journal*, v. 54, n.3, p. 77-80, 1897.

EDNICK, M.; COHEN, A. P.; McPHAIL, G. L.; BEEBE, D.; SIMAKAJORNBOON, N.; AMIN, R. S. A review of the effects of sleep during the first year of life on cognitive, psychomotor, and temperament development. *Sleep*, v. 1, n. 32, p. 1449-1458, 2009.

ENGEL, S. Children's need to know: Curiosity in schools. *Harvard Educational Review*, v. 8/1, n. 4, p. 625-645, 2011.

FLOWERS, W. *Ceremonia Investidura Grado Honoris Causa*. Discurso apresentado na Universidade Andrés Bello, em Santiago de Chile, em 23 de outubro de 2007.

GARCÍA HOZ, V. *Principios de pedagogía sistemática*. 11. ed. Madrid: Rialp, 1960.

GARRISON, MICHELLE M.; CHRISTAKIS, D. A. New Report on Educational Media for Babies, Toddlers, and Preschoolers. Washington, D. C.: Kaiser Family Foundation, 2005. Disponível em: <http://kff.org/other/issue-brief/new-report-on-educational-media-for-babies/>. Acesso em: 13 ago. 2007.

GINSBURG, K.; American Academy of Pediatrics, Committee on Communications; Committee on Psychosocial Aspects of Child and Family Health. The importance of play in promoting healthy child development and maintaining Strong parent-child Bonds. *Pediatrics*, v. 119, n. 1, p. 182-191, 2007.

GOERTZEL, M. G.; GOERTZEL, V. H. Intellectual and emotional climate in families producing eminence. *Gifted Child Quarterly*, n. 4, p. 59-60, 1960.

GOODRICH, S. A.; PEMPEK, T. A.; CALVERT, S. L. Formal production features of infant and toddler DVDs. *Arch. Pediatr. Adolesc. Med.*, v. 163, n.12, p. 1151-1156, 2009.

HANCOX, R. J.; MILNE, B. J.; POULTON, R. Association of television viewing during childhood with poor educational achievement. *Arch. Pediatr. Adolesc. Med.*, v. 159, p. 614-618, 2005.

HEARD, K. W. *The Montessori System Examined*. Cambridge: The Riberside Press, 1914.

HONORÉ, C. *Bajo presión*. Barcelona: RBA, 2008.

HOWARD-JONES, P. Neuroscience and Education: Issues and Opportunities, Comentary by the Teacher and Learning Research Programme. Londron: Economic and Social Research Council, TLRP, 2007. Disponível em: <http://www.tlrp.org/pub/commentaries.html>.

HYATT, K. J. Brain Gym Building Stronger Brains or Wishful Thinking? *Remedial and Special Education*, v. 28, n. 2, p. 117-124 , 2007.

INFANT, preschooler, DVDs. *Drug Store News*, v. 27 n. 2, p. 38, 14 fev. 2005. Disponível em: <http://findarticles.com/p/articles/mi_m3374/is_2_27/ai_n10018342>.

JOHNSON, J.; COHEN, P.; KASEN, S.; BROOK, J. S. Extensive Television Viewing and the Development of Attention and

Learning Difficulties During Adolescence. *Archives of Pediatrics and Adolescent Medicine*, v. 161, n. 5, p. 480-486, 2007.

KAISER FAMILY FOUNDATION. *Parents, Media and Public Policy: A Kaiser Family Foundation Survey.* Menlo Park, CA, 2004.

KIM, K. H. The creativity crisis: The decrease in creative thinking scores on the Torrance Tests of Creative Thinking. *Creativity Research Journal*, n. 23, p. 285-295, 2011.

KUHL, P. K.; TSAO, F. M.; LIU, H. M. Foreign language experience in infancy: effects of short-term exposure and social interaction on phonetic learning. *Proc. Natl. Acad. Sci. USA*, v. 100, n. 15, p. 9096-9101, 2003.

MENDELSOHN, A. L.; BERKULE, S. B.; TOMOPOULOS, S. Infant television and video exposure associated with limited parent-child verbal interactions in low socioeconomic status households. *Arch. Pediatr. Adolesc. Med.*, v. 162, n. 5, p. 411-417, 2008.

MINISTRY OF SOCIAL AFFAIRS AND HEALTH OF FINLAND. *Early Childhood Education and Care in Finland.* Helsinki: Ministry of Social Affairs and Health, 2004.

MONTESSORI, M. *The Child and The Church.* Chantilly: E. M. Standing, 1965.

_____. *Ideas generales sobre mi método*. Buenos Aires: Losada, 1995.

PAGANI, L. S.; FITZPATRICK, C.; BARNETT, T. A.; DUBOW, E. Prospective associations between early childhood television exposure and academic, psicosocial, and physical well-being by middle childhood. *Arch. Pediatr. Adolesc. Med.*, v. 164, n. 5, p. 425-431, 2010.

PLANCK, M. *¿Adónde va la ciencia?* Buenos Aires: Losada, 1961.

PROMETHEAN presenta la "Clase del Futuro". *Educación 3.0, la revista para el aula del siglo XXI*, n. 6, p. 28, 2012.

RICHERT, R. A.; ROBB, M. B.; FENDER, J. G.; WARTELLA, E. Word Learning From Baby Videos. *Arch. Pediatr. Adolesc. Med.*, v. 164, n. 4, p. 432-437, 2010.

RICHTEL, M. A Silicon Valley school that doesn't compute. *The New York Times*, 22 out. 2011.

SAINT-EXUPÉRY, Antoine de. *O Pequeno Príncipe*. 2. ed. Rio de Janeiro: Agir, 2015.

SCHMIDT, M. E.; PEMPEK, T. A.; KIRKORIAN, H. L.; LUND, A. F.; ANDERSON, D. R. The effect of background television on the toy play behavior of very young children. *Child Development*, v. 79, n. 4, p. 1137-1151, 2008.

SIEGEL, J. D. *Toward a Biology of Compassion*: Relationships, the Brain and the Development of Mindsight Across the Lifespan. Documento preparado para João Paulo II e o Conselho Pontifical da Família. Cidade do Vaticano: dezembro de 1999.

_____. Toward an interpersonal neurobiology of the developing mind: Attachment relationships, "mindsight", and neural integration. *Infant Mental Health Journal*, v. 22, n. 1-2, p. 67-94, 2001.

SINGER, J. L. Cognitive and affective implications of imaginative play in childhood. In: LEWIS, M. (comp.) *Child and Adolescent Psychiatry:* A comprehensive Textbook. Philadelphia, PA: Williams & Wilkins, 2002.

SWING, E. L.; GENTILE, D. A.; ANDERSON, C. A.; WALSH, D. A. Television and Video Game Exposure and the Development of Attention Problems. *Pediatrics*, v. 126, p. 214-221, 2010.

TANIMURA, M.; OKUMA, K.; KYOSHIMA, K. Television viewing, reduced parental utterance, and delayed speech development in infants and young children. *Arch. Pediatr. Adolesc. Med.*, v. 161, n. 6, p. 618-619, 2007.

TOMÁS DE AQUINO. *De Veritate*, q. 11, a. 1: *conceptiones intellectus*.

TOMOPOULOS, S.; DREYER, B. P.; BERKULE, S.; FIERMAN, A. H.; BROCKMEYER, C.; MENDELSOHN, A. L. Infant media exposure and toddler development. *Arch. Pediatr. Adolesc. Med.*, v. 164, n. 12, p. 1105-1111, 2010.

TOUCHETTE, E.; CÔTÉ, S.; PETIT, D.; XUECHENG, L.; BOIVIN, M.; FALISSARD, B.; TREMBLAY, R.; MONTPLAISIR, J. Y. Short Nighttime Sleep-Duration and Hyperactivity Trajectories in Early Childhood. *Pediatrics*, v. 124, n. 5, p. 985-993, 2009.

U. S. DEPARTMENT OF HEALTH AND HUMAN SERVICES. *Head Start Impact Study.* Washington, D. C.: 2011.

_____. *Mental Health:* A Report of the Surgeon General. Rockville, M. D.: U. S. Department of Health and Human Services, Substance Abuse and Mental Health Services, Administration National Institute of Mental Health, 1999.

VANDEWATER, E. A.; BICKHAM, D. S.; LEE, J. H. Time well spent? Relating television use to children's free-time activities. *Pediatrics*, v. 117, n. 2, p. e181-e191, 2006.

_____; BICKHAM, D. S.; CUMMINGS, H. M.; WARTELLA, E. A.; RIDEOUT, V. J. When the television is always on: heavy television exposure and young children's development. *Am. Behav. Sci.*, v. 48, n. 5, p. 562-577, 2005.

ZIMMERMAN, F. J.; CHRISTAKIS, D. A. Children's television viewing and cognitive outcomes. *Arch. Pediatr. Adolesc. Med.*, v. 159, n. 7, p. 619-25.

_____. Associations between content types of early media exposure and subsequent attentional problems. *Pediatrics*, v. 120, n. 5, p. 986-992, 2007.

_____; MELTZOFF, A. N. Associations between Media Viewing and Language Development in Children under Age 2 Years. *Journal of Pediatrics*, v. 151, n. 4, p. 364-368, 2007.

Agradecimentos

> "Interroga a beleza da terra, interroga a beleza do mar, interroga a beleza do ar que se dilata e difunde, interroga a beleza do céu [...] interroga todas essas realidades. Todas te respondem: Estás a ver como somos belas. A beleza delas é o seu testemunho de louvor (*Confessio*). Essas belezas sujeitas à mudança, quem as fez senão o Belo (*Pulcher*), que não está sujeito à mudança?"
>
> SANTO AGOSTINHO

Antes de mais nada, gostaria de agradecer ao Jordi Nadal e a toda a equipe da Plataforma, por ter apostado neste livro. Obrigada, Santiago Álvarez de Mon, pelo seu prólogo tão amável.

Este livro é o resultado de um projeto que comecei no ano de 2010, com um grupo de pais muito comprometidos com a educação dos seus filhos. Outros pais se juntaram, ao longo do tempo, a este grupo, que escutou minhas palestras ou seguiu o *blog* bem de perto. Quero expressar o meu agradecimento a cada um dos meus amigos que acrescentaram algo para este livro, seja com suas ideias, seu apoio, seu trabalho de revisão, sua ajuda, seu carinho ou sua motivação ao longo do caminho percorrido até aqui. Obrigada aos meus pais, por tudo o que fizeram por mim. Obrigada a Vickie Teetor pelo seu profundo entendimento da natureza da criança que foi a inspiração e o ponto de partida desta grande aventura. Obrigada aos mestres como você, Margarita Vélez, e como você, Marta Valenti, que cuidam da curiosidade dos nossos filhos, que se deixaram encantar diante de tudo o que é irresistível na Beleza, na Verdade e na Bondade que existe no mundo. Da mesma forma, quero agradecer a Chema Postigo pela motivação, pela ajuda incalculável na revisão do livro e pela contribuição de sugestões tão valiosas; a Alba Santaularia, por participar e por sua paixão pelas ideias expostas neste livro. A Carlos Andreu, pela sua ajuda sempre incondicional e sem interesse; a Ignasi de Bofarull, pela sua criatividade e sua genialidade; a Cristina Masclans, Nina Agustina e Àngels López Xuclà, por escutar, escutar e escutar, e pelo compromisso incansável em abrir caminhos para a divulgação dessas ideias para oferecer o melhor para meninas como Elisa; a Chini Maluenda, por encarnar o viver na curiosidade; a Gabriel Ginebra, por participar e apoiar esta "outra forma de educar"; a Nuria Filizzola, por suas sugestões tão valiosas; a Cati Pich, por estar disponível quando preciso; a Marta Baylina, por ser porta-voz de todas essas ideias. Obrigada a Ester, Xavi, Raquel, Luis, Raul, Rosa, Anna, Javier, Oriol, Joan e muitas outras pessoas.

 Obrigada a você, querida leitora, querido leitor, por ter me acompanhado na contemplação da infância ao longo destas páginas.

O cérebro da criança explicado aos pais

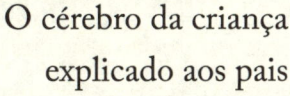

Durante os primeiros seis anos de vida, o cérebro infantil tem um potencial que nunca mais voltará a ter. Isto não significa que devamos tentar transformar os nossos filhos ou alunos em pequenos gênios, porque, além de ser impossível, um cérebro que se desenvolve sob pressão pode perder parte da sua essência pelo caminho.

Este livro é um manual prático que sintetiza os mais avançados conhecimentos da neurociência, para que pais e educadores facilitem a criação de ligações mentais nas crianças e as ajudem a atingir a plenitude intelectual e emocional.

Uma obra indispensável, que ensina os pais a serem a melhor influência para o desenvolvimento dos filhos e a prevenirem dificuldades como o déficit de atenção, a depressão infantil e os problemas de comportamento.

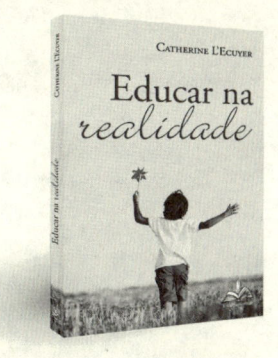

Educar na Realidade

É necessário educar nossos filhos "na realidade", tendo em conta o século atual, com vários dilemas educacionais com os quais os nossos pais não se deparavam. Um desses dilemas tem a ver com o uso frenético das novas tecnologias que faz com que tenhamos a sensação de estar a reboque desses acontecimentos

edicoesfs.com.br
livrarialoyola.com.br

Fons Sapientiae

Este livro foi impresso em papel pólen bold 70g, capa triplex laminação fosca com verniz UV
Rua Lopes Coutinho, 74 – Belenzinho 03054-010 São Paulo – SP
T 55 11 3322-0100 / F 55 11 4097-6487
www.FonsSapientiae.com.br
vendas@FonsSapientiae.com.br